I0122173

CHAMBRE DE COMMERCE

DE SAINT-ÉTIENNE

RAPPORTS

DE MM.

LES DÉLÉGUÉS ARMURIERS

CHARGÉS D'ÉTUDIER

L'EXPOSITION UNIVERSELLE DE LONDRES

EN 1862.

SAINT-ÉTIENNE

IMPRIMERIE DE Vᵉ THÉOLIER AINÉ ET Cᵉ

PLACE DE L'HÔTEL-DE-VILLE.

1862

V

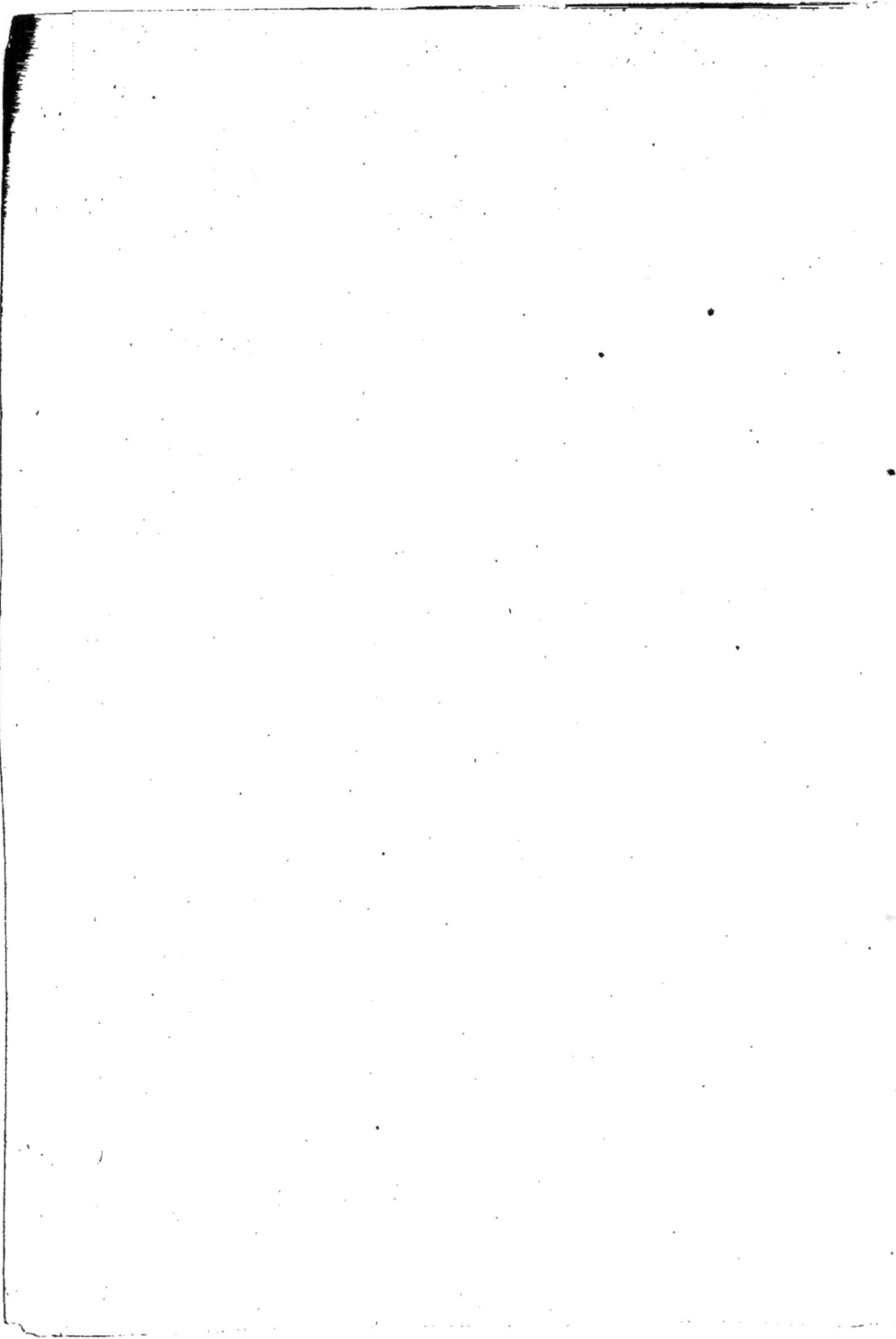

CHAMBRE DE COMMERCE

DE SAINT-ÉTIENNE

RAPPORTS

DE MM.

LES DÉLÉGUÉS ARMURIERS

CHARGÉS D'ÉTUDIER

L'EXPOSITION UNIVERSELLE DE LONDRES

EN 1862.

SAINT-ÉTIENNE

IMPRIMERIE DE Mme Vve THÉOLIER ET Cie,

Places de l'Hôtel-de-Ville et du Marché.

1862

RAPPORT

SUR

L'ENSEMBLE DE LA VISITE

FAITE PAR MM. LES DÉLÉGUÉS.

———◆◇◆———

Produire librement ;
Avoir toute sécurité pour l'avenir ;
Produire beaucoup et mécaniquement,

Telles sont les idées que les délégués arquebusiers à l'Exposition de Londres rapportent d'Angleterre, et qu'ils regardent comme les plus propres au maintien et au perfectionnement de l'Industrie armurière.

Ils ont développé eux-mêmes les deux premières de ces propositions auprès de S. A. I. le Prince Napoléon et de S. Exc. le Ministre M. Rouher, en disant qu'ils remerciaient le gouvernement de Sa Majesté l'Empereur d'avoir aboli la législation qui prohibait l'exportation, et en exprimant le désir de voir les administrations de toute nature ne point redevenir par des instructions multipliées sur le principe libéral de la loi de 1860, mais tendre au contraire à réglementer de moins en moins le commerce pour le laisser de plus en plus à lui-même.

Le Prince a bien voulu assurer la délégation qu'il ferait,

nombreuses qu'elle n'a cessé de prendre pour faire rapporter les lois et ordonnances de 1810, ses efforts pour faire modifier les entraves du poinçonnage et de la visite à la frontière, entraves contenues dans les derniers règlements.

Enfin, nous mentionnerons en ce qui concerne l'épreuve, le récent arrêté de M. le Préfet de la Loire, du 9 mai 1862. Cet arrêté, sur la proposition de la Chambre, a sanctionné l'établissement d'un nouveau poinçon pour les armes transformées, créant ainsi un précédent qui n'est autre chose que l'application du principe des épreuves de diverses catégories.

De ces faits il résulte que non-seulement la Chambre de commerce partage sur tous ces points l'opinion commune, mais la dirige et la devance.

Cet accord constaté, il convient de passer à un autre côté de la question qui relève uniquement de l'initiative individuelle, c'est-à-dire à l'examen de la fabrication manuelle et mécanique, et de la troisième des propositions inscrites en tête du présent rapport.

Cette proposition est celle-ci :

Produire beaucoup et mécaniquement, c'est-à-dire à bas prix.

En effet, ce qui manque à la production stéphanoise, c'est moins la qualité que l'abondance et le nombre, base essentielle de toute grande industrie.

Les qualités qui distinguent nos armes sont connues. Dans un rapport dressé en vue principalement de noter les améliorations qu'on doit réaliser chez nous, nous ne nous y arrêterons pas.

Qu'on se reporte à la décision du jury; la voici :

« Ont obtenu des médailles :

« M. AURY, pour fabrication soignée, bon goût, prix peu
« élevé de ses fusils.
« M ESCOFFIER. — Fabrication d'excellentes armes de
« guerre.
« MM. PONDEVAUX et JUSSY. — Excellente fabrication d'ar-
« mes de chasse. »

« Ont obtenu des mentions honorables :

« M. BERGER. — Pour la nouveauté de ses crosses en fer
« et sa clef de sûreté.
« M. BOURGAUD. — Pour le bas prix de ses fusils.
« M. GOUTELLE-TIVET. — Pour le même motif.
« M. MURGUE. — Pour la bonne fabrication combinée avec
« la modération dans les prix de carabines et fusils de
« chasse.
« M. RONCHARD-SIAUVE. — Pour le mérite commercial de
« ses canons de fusils doubles.
« M. VERNEY-CARON. — Pour la bonne fabrication de ses
« fusils de chasse. »

Ces récompenses disent assez que notre industrie a gardé
ses marques caractéristiques de solidité et d'élégance.

En regard de cette opinion, il importe d'indiquer l'im-
pression produite sur nos délégués par l'exposition de nos
concurrents Belges et Anglais :

« Nous nous dirigeâmes de suite, dit M. Fontvielle (habile
« systèmeur envoyé par la Chambre à Londres), nous nous
« dirigeâmes de suite vers les vitrines des armes anglaises.
« Leur gardien nous montra les fusils qu'elles contenaient
« avec autant d'empressement que de complaisance.

« Après un examen attentif et minutieux, je reconnus
« l'excellence de la fabrication, mais je n'ai rien trouvé
« d'extraordinaire ni dans la disposition des chiens, ni dans
« celle du mécanisne des platines. Leur marche laisse même
« à désirer. Sur plusieurs fusils les départs ne sont pas nets,
« ils glissent et les détentes rament (on dit en termes d'ar-
« quebuserie qu'une détente rame lorsqu'elle laisse sentir
« un mouvement intermédiaire entre la pression du doigt
« et le déclic de la gachette). J'ai vu une capuche ou porte-
« baguette de bois qui avait près de deux millimètres de
« faux aplomb, et cela sur un fusil très fin complètement
« doré.

« Quant aux canons de toutes les armes que j'ai pu voir
« et mirer, ils sont à peu de chose près semblables aux
« nôtres ; je ne crois pas que là se trouve la supériorité des
« arquebusiers anglais ; les chiens de leurs platines diffèrent
« des nôtres par la tournure et surtout par la tête, la corne
« et la lèvre. »

Dans un autre passage, M. Fontvielle continue en ces
termes :

« Dans tous les fusils qu'on voit à l'Exposition, je n'ai
« rien trouvé de vraiment nouveau. Le fusil Lefaucheux n'est
« pas en faveur en Angleterre, par la raison, sans doute,
« que l'inventeur est français. Mais en revanche ils ont une
« foule de systèmes de fusils se chargeant par la culasse et
« qui tous présentent à leur désavantage des cavités et des
« jours entre les pièces du mécanisme où l'eau et la pous-
« sière ne peuvent que trop se donner rendez-vous, accident
« qui rendra les mouvements de ces divers systèmes très
« durs et produira rapidement une oxydation qui compro-
« mettra inévitablement la solidité de l'arme.

« Les vernis appliqués sur les bois de fusils tant en
« Angleterre qu'en Belgique sont très solides; mais ils sont
« si épais et si peu transparents, qu'ils cachent les veines
« du bois, ce qui enlève à leurs fusils un aspect agréable
« qu'on rencontre toujours dans les fusils de Saint-Etienne. »

Ainsi voilà un ajusteur qui condamne l'ajustage anglais.

Ecoutons un canonnier, M. Ronchard-Siauve, chargé
spécialement de l'étude des canons.

Après avoir constaté l'excellence de l'arquebuserie pari-
sienne, tout en ajoutant néanmoins qu'entre les canons
parisiens et les nôtres il n'existe pas la différence qu'il de-
vrait y avoir à raison du prix élevé des armes de Paris, il
arrive à s'occuper de la vitrine de Liége, et il écrit :

« La vitrine de Liége possède environ deux cents fusils
« très variés de goût et très apparents ; quant à leurs prix,
« ils varient selon les qualités. Je n'ai rien aperçu en fait
« de canons qui soit très remarquable ; c'est toujours à peu
« près leurs mêmes damas des rubans anglais, très jolis.
« Quant à l'achevage, il ne manque pas d'ondulation, sauf
« dans les fusils d'un prix très élevé. Ceux-ci sont alors
« bien mieux finis, ce qui revient à peu près à notre fabri-
« cation. »

Ailleurs il s'exprime ainsi :

« L'exposition des armes anglaises était représentée
« grandement par une grande quantité de fusils et de cara-
« bines de tout genres ; leurs canons étaient toujours soudés
« à l'étain, mais très bien faits. Ceux qui se chargent par
« la culasse ont le tonnerre avec le système soudés en cuivre

« et le reste à l'étain ; les systèmes sont très nombreux
« mais d'un goût qui n'est pas gracieux ; leurs couleurs et
« leurs trempes jaspées sont magnifiques. Leur genre de
« fusil n'est pas le même que le nôtre ; l'exécution en gé-
« néral est bien.

« Nous avons vu néanmoins dans quelques fusils assez
« fins des défauts assez saillants. Ce n'est donc pas d'eux
« que nous redoutons la concurrence.

« Il y avait (dans les canons) des lopins corroyés de
« plusieurs compositions, dont la tranche était parfaitement
« dérochée. J'en ai remarqués qui étaient composés de
« trois cents mises très régulières en petit carrés. Mais cela
« produit un damas tout à fait confus qui imite un peu nos
« anciens damas de *riblons*.

M. Jalabert, conservateur du Musée d'Artillerie, autre délégué, dit à son tour :

« Les systèmes d'obturation et de chargement par la cu-
« lasse fabriqués en Angleterre, sont tous plus ou moins
« défectueux et ne doivent leur emploi qui sera néanmoins
« très borné, qu'à l'usage qui existe chez les lords, d'en-
« voyer après chaque partie de chasse leurs armes chez
« l'arquebusier qui les leur a fournies, lequel a un in-
« térêt majeur à les entretenir en bon état de service, pour
« conserver sa clientèle et même augmenter sa réputation.

Ces réflexions des délégués sont justes. Et, on le voit,
quant il s'agit de l'habileté manuelle, de l'apport de l'ouvrier
à l'œuvre qu'il s'agit de faire, nous sommes restés les
maîtres.

Mais ce rapport n'est point une apologie et il faut bien

convenir que si nous avons quelque supériorité au point de
vue du goût, de l'art, de l'ajustage, du fini, il est une chose
capitale, essentielle, qui nous manque et définitivement nous
rendrait inférieurs aux autres si nous en étions privés plus
longtemps.

Cette chose, c'est la machine.

Quelque sobre, quelque laborieux que soit l'ouvrier, la
machine avance plus que lui à la tâche, et partant elle est
d'un usage plus économique.

Quelque habile que soit la main de l'homme, l'emporte-
pièce a plus de précision et va plus vite encore.

Il est vrai qu'il se répète sans cesse dans ses produits. Ils
ne pourront servir au consommateur élégant qui, pour parer
son arme, fait un appel incessant à la mode, au caprice et à
l'art de mille artistes damasquineurs et graveurs ou doreurs
tout aussi bien qu'à l'art de l'armurier. Mais qu'importe si
ses produits s'adaptent parfaitement à l'arme ordinaire et si
c'est ce genre, le genre commun, qui permet d'alimenter
l'autre et fournit même les capitaux aussi bien que les sujets
de premier choix nécessaires à l'arme fine.

Or, il en est ainsi, l'Angleterre et la Belgique ne doivent
leurs progrès qu'à ces causes.

Donc, il faut recourir aux machines.

Tel est l'avis de nos délégués.

Ecoutons sur ce point M. Ronchard-Siauve déjà cité :

« Quant aux fusils d'exportation ou aux fusils communs
« fabriqués à Liège, il est impossible pour le moment aux
« fabricants stéphanois d'en fabriquer de semblables.

« Les Liégeois descendent dans la fabrication des armes
« communes à plusieurs degrés au dessous de celui où nous
« nous arrêtons et peuvent ainsi vendre à bien meilleur
« marché.

« En tous cas ces canons à meilleur marché sont bien
« plus mal faits et ne seraient pas reçus à notre épreuve. »

M. Ronchard demande ici la création d'une série d'épreuves semblable à la série belge et anglaise. — Nous avons in-
diqué plus haut les motifs de cette demande et expliqué
qu'après examen et dans la mesure où il est possible de
concilier la sécurité publique avec les intérêts manufacturiers, il y serait fait droit.

M. Ronchard, revenant à l'idée que la fabrication mécanique est l'élément indispensable, ajoute :

« L'établissement de plusieurs catégories d'épreuves en-
« couragerait nos industriels à faire usage du laminoir pour
« nos canons, car si Birmingham et Liège n'avaient pas
« cette faveur, ces villes ne pourraient pas faire ce genre
« de travail à bon marché qui est pourtant bien important,
« car les commandes d'armes communes entraînent tou-
« jours avec elles les commandes d'armes fines. »

Nous voici dans le vif de la question ; nous n'avons pas à
développer les avantages qu'offrent les machines en général,
nous nous sommes étendus assez sur ce sujet quelques lignes
plus haut. Au surplus, depuis longtemps on l'a dit : les
machines sollicitant la consommation par les facilités de la
production feraient doubler cette consommation elle-même ;
nous avons exposé les avantages qui en résulteraient pour
le commerce, cette dernière réflexion démontre les avantages
qu'en retirerait l'ouvrier.

Bien pénétrés de ces vérités, nos délégués ne se sont préoc-
cupés que du point de savoir par quels procédés les Anglais
et les Belges étaient arrivés ou ils sont parvenus et quelles

machines, parmi cel.es dont il se servent, pourraient le plus spécialement être utiles à notre industrie.

Nous donnerons à la fin de ce travail les documents qui sont en notre pouvoirs et qu'ils ont rapportés.

Ceci étant un aperçu sur l'ensemble de leurs travaux, il nous suffira de mentionner ici les principales des études par eux faites, le public s'en rendra compte en lisant leurs notes.

M. Fontvielle a rapporté la description d'une canardière d'un nouveau modèle se chargeant par la culasse, et diverses combinaisons pour l'installation des hausses mobiles à adapter aux fusils de chasse.

M. Ronchard a consigné en son rapport des notions sur un four à braser de fabrication française et sur une machine à sculpter applicable aux fusils, ainsi que sur un affût de l'invention de M. Ladry, de Bruxelles, et sur la machine à raboter de M. Bernard, de Paris.

Les délégués étant allés, en Angleterre, à la Manufacture d'Infield, nous devons à M. Ronchard-Siauve une description du magnifique outillage de cet établissement royal comprenant la machine à laminer les canons et les divers engins propres à la fabrication des baïonnettes, ainsi que les opérations relatives à la trempe de cette arme au four et au bain de plomb.

M. Papillon, délégué sortant des ateliers de notre Manufacture est revenu avec des notes sur une machine à fraiser le pontet de sous-garde et sur une autre machine établie pour fraiser l'écusson.

M. Jalabert, enfin, se réserve de publier un rapport complet, soit sur l'arquebuserie en général, soit sur le prix de revient des machines les plus utiles parmi nous, soit sur Infield même.

Tels ont été les résultats du voyage des délégués de l'armurerie à Londres.

On le voit, la conclusion de toutes ces notes diverses, l'avis universel est qu'il faut à tous prix régénérer et changer l'outillage du pays.

Dans quelle mesure cette transformation est-elle possible ?

Il eut été à désirer d'être précisément fixé à cet égard. M. Jalabert a été chargé de prendre des renseignements.

En tous cas on peut présumer que le prix de certaines machines ne serait pas absolument inabordable pour la petite et la moyenne industrie.

L'établissement de la grande est prochain, inévitable.

Mais les producteurs actuels conserveront, croyons-nous, toujours le monopole de l'arme de luxe. A côté de la production manufacturière s'emparant des produits communs en les centuplant, il y aura place pour tous. Les mêmes causes ramènent les mêmes effets ; ce qui relève de l'art ne peut relever de la machine ; de même que pour les rubans le genre façonné échappe à l'usine, ainsi l'arme de luxe échappera à la confection purement industrielle.

Au surplus, et pour ajouter un mot : il nous semble, pour conserver l'organisation actuelle, que la formation de société se bornant à construire les machines et à en louer l'emploi aux fabricants armuriers n'aurait rien d'impossible.

Le présent rapport sera terminé quand nous aurons dit que le complément des idées qu'il renferme, est la recherche d'une part des modèles les plus usités par la consommation étrangère, d'autre part de débouchés pour notre production manufacturière.

Il est bon de rappeler que les Anglais et les Belges ont une série de modèles comprenant plusieurs centaines d'arnies-spécimen, reproduisant les types les plus usités sur les côtes d'Afriques, dans l'Amérique, en Asie et en général dans toute les colonies.

De 1810 à 1860, obligés, par nos propres lois, de nous contenter du marché français, nous avons pour ainsi dire perdu de vue le point auquel pendant cinquante ans nos rivaux ont amené le marché du monde.

La nécessité la plus urgente est pour nous de nous remettre à ce niveau.

Les efforts de la Chambre de commerce de Saint-Etienne dans ces derniers temps, les envois d'armes par elle faits, les missions par elle données n'ont eu d'autre but que de combler la lacune causée par le passé.

C'est à l'esprit public de n'entraver en rien la réalisation prochaine de la fabrication mécanique des armes de troc et de qualité commune que nous venons de signaler. Loin de manquer de bras comme elles en ont parfois manqué jusqu'ici, la confection des armes de luxe et la fabrication des manufactures impériales ne pourront qu'y gagner. L'une et l'autre y trouveront une pépinière d'ouvriers tous formés et le bien-être de nos populations s'accroîtra de toutes les sommes ainsi deversées sur le pays.

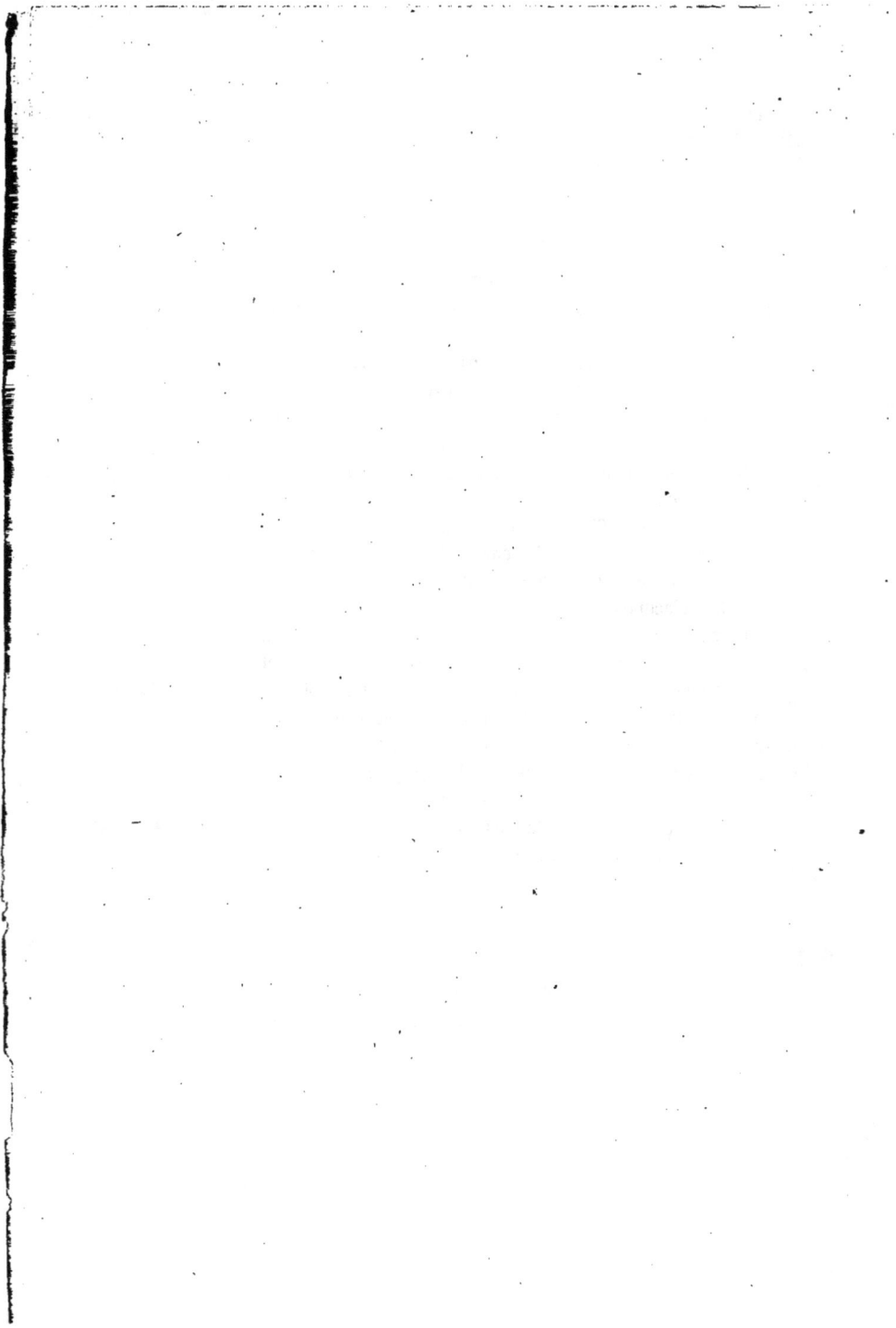

RAPPORT

DE

M. RONCHARD-SIAUVE.

Avant de commencer mon rapport, je crois devoir, en mon nom et au nom de mes collègues, constater l'excellent accueil fait à notre délégation par S. A. I. le Prince Napoléon et S. Exc. M. Rouher, Ministre de l'Agriculture, du Commerce et des Travaux publics.

Qu'ils reçoivent ici l'hommage de notre profonde gratitude, et principalement Son Altesse Impériale, pour les assurances qu'ils ont bien voulu nous donner relativement au régime de liberté réservé désormais en France à l'exercice de l'industrie armurière

Ce devoir de reconnaissance accompli, j'arrive directement au résultat de ma visite à Londres, c'est-à-dire à mon rapport.

Ma première visite, il est vrai que c'est ma partie, et on est toujours tenté de voir ce que l'on connaît, ça été la vitrine de M. Léopold Bernard. Le coup-d'œil était magnifique ; il est vrai qu'elle se trouvait admirablement placée.

Elle renfermait 24 canons doubles de différents calibres, tous du même damas qu'il fait habituellement. Le fini de ces

2

canons était irréprochable dans tout l'ensemble. Il y avait aussi un canon double assemblé attaché avec les liens en fil de fer ; là j'ai remarqué le soin qu'il mettait à leur ajustage. Les deux tubes sont parfaitement achevés et égaux d'épaisseur avant de les assembler et parfaitement dressés. Il est vrai de dire, puisque j'en ai sous les yeux, que leurs tubes sortant de la machine à raboter, sont déjà très-bien faits. Les bandes du dessus sont creusées carrément en dessous afin d'ôter toujours un peu de poids, elles sont limées et dressées parfaitement, elles s'ajustent tout à fait bien sans aucun jour ; leurs liens sont beaucoup plus rapprochés que nous les mettons ordinairement et ont beaucoup plus de tours en fil de fer que les nôtres au tonnerre et à la bouche. Les tubes sont isolés dans le milieu et soutenus par des petites calles en fer sous chaque lien de la partie isolée, comme nous le faisons depuis qu'il se fait des canons gros calibres et légers. Il y avait des bandes toutes limées. J'ai bien remarqué six tubes simples sortant de la machine à raboter dont l'exécution est parfaite autant pour la courbe que pour l'égalité d'épaisseur.

Il y avait aussi un canon de canardière pour le système Lefaucheux d'environ 1 mètre 35, calibre 30 à 32 millimètres, largeur au tonnerre 65 milimètres et 46 à la bouche octogone à 60 centimètres, et en damas moucheté, le plat du dessous était très-bien relevé avec des angles très-vifs ; seulement dans quelque partie l'on aperçoit le ruban (1) en fer du dessous, c'est-à-dire que le damas commençait à

---

(1) Nous appelons *ruban* en terme de fabrique la barre de fer préparée soit en fer ou en damas, qui doit se rouler en spirale sur la chemise pour former le canon ; pour faire des gros canons il s'en roule plusieurs les uns sur les autres.

— 19 —

disparaître, ce qui arrive facilement dans la forge de ces
grosses pièces. Il avait mis un lopin parfaitement soudé au
marteau pilon, mais dont on pouvait parfaitement distinguer
la composition ; elle était de 121 mises égales de force tant
le fer que l'acier. A côté était une jambe (1) tordue à trois baguettes à grosse torsion et le bout du ruban étiré au marteau.
Un autre lopin composé seulement de 64 mises et le ruban fait
à 4 baguettes ; deux canons de pistolet et un canon de
pistolet enroulé à double rubans, avec une jambe à demi-
forgée.

Ainsi, comme on le voit, cette exposition étant très-bien
placée avec des canons bien dérochés en blanc et bien entre-
tenus, fait un effet magnifique et représente une canon-
nerie hors ligne.

Cependant les canons de Saint-Etienne, quoique en très-
petit nombre, peuvent très-bien se mettre en parallèle ; il
n'y existe pas la différence de travail qui existe dans la différence du prix.

Il est regrettable que nous nous trouvions aussi mal
placé et en si petit nombre, car la vitrine des canonniers de
Saint-Etienne n'est représentée que par trois exposants
n'ayant ensemble que neuf canons, et encore j'en ai porté
deux avec moi, il n'y en avait donc que sept à l'examen du
jury, dont deux de MM. Javelle Magand et fils, un superbe
damas frisé et un magnifique moiré d'un fini tant à l'intérieur qu'à l'extérieur qui ne laisse rien à désirer ; deux de M.
Blachon fils, un très-beau damas moucheté imitant les canons
de Paris et un canon double aussi en acier fondu. Ces deux
canons étaient aussi d'un fini irréprochable ; tous ces canons

(1) *Jambe*, terme de fabrique qui veut dire un des tubes qui forme
le canon double.

peuvent se comparer aux canons de n'importe quelle puissance.

Des trois qui m'appartenaient, un est composé de quinze nuances de damas différents, représentant une partie des diverses compositions de damas que l'on peut produire à Saint-Étienne. Le deuxième est un damas marbré imitant la racine ; ce canon est pour le système Lefaucheux et muni de sa bascule qui est d'une exécution parfaite. Le troisième est un canon d'acier fondu aussi Lefaucheux, muni de sa bascule.

Les deux que j'y ai porté sont un damas à franges croisées faisant un assez bel effet, et un canon à baguette acier fondu d'une extrême légèreté. Ces neuf canons sont bien dignes de figurer et d'être comparés à n'importe lesquels des canons exposés ; mais malheureusement ils se trouvent très-mal placés dans le coin le plus obscur de l'Exposition, et le public, qui est le plus grand juge des objets de l'industrie, attendu que c'est pour lui qu'ils sont fabriqués, nous passe devant sans nous apercevoir ; espérons qu'à la prochaine Exposition nous serons plus heureux et que nous nous accorderons un plus grand nombre pour représenter dignement notre industrie afin qu'elle paraisse ce qu'elle est.

Nous devons des remerciments à M. Jalabert, conservateur du Musée d'Artillerie, qui a eu l'heureuse idée d'envoyer à l'Exposition plusieurs canons qui ont supporté des charges extraordinaires, un canon à trois tubes et un canon double fileté ; toutes ces pièces qui ont beaucoup de mérite ont contribué à embellir notre exposition.

Les vitrines de nos fabricants d'armes de Saint-Étienne, quoique en petit nombre, peuvent aussi très-bien se comparer avec les autres fabriques ; sous tous les rapports, celle de M. Escoffier représente dignement notre fabrique d'armes de guerre ; elle est garnie d'une série de modèles d'armes de guerre de différentes puissances qui sont d'une exécution parfaite.

La vitrine de MM. Albert Fernard, Devisme, Gastine-Renette, possédait des canons assez bien faits, mais qui ne nous offrent rien de bien remarquable. Sur les fusils de Paris qui me paraissaient d'une belle exécution, représentés en assez grand nombre, plusieurs étaient enrichis de cizelures magniques. Je n'ai rien remarqué d'intéressant pour les canons si ce n'est un beau fini, des achevages irréprochables et surtout des canons bien arrondis et sans ondulation.

Je crois qu'il serait bien urgent que nous ayons un deuxième poinçon d'épreuve comme les autres manufactures, que les canons qui porteraient ce poinçon ne subissent pas de visite intérieure et supportent une charge un peu plus faible, afin de pouvoir faire ce genre de travail pour arriver à lutter avec les autres fabriques ; cela nous permettrait d'employer beaucoup de canons qui ont des défauts qui ne peuvent pas compromettre la sûreté du chasseur, et le canonnier sachant qu'il peut se défaire de ces canons sitôt qu'il apercevrait le moindre défaut, ne le poursuivrait pas davantage et en ferait un canon ordinaire qui supporterait très-bien la charge, tandis que très-souvent le canonnier perd beaucoup de temps pour affranchir un canon qui a des petites pailles qui ne sont nuisibles en rien à la solidité du canon, mais qui ne sont pas reçus à la visite de l'épreuve.

Or donc, tous ces canons, s'il n'y avait pas de visite intérieure pour le poinçon des canons ordinaires, permettraient de faire une fabrication bien plus sérieuse tout en livrant des canons pour l'arme commune qui n'aurait rien à craindre du tout, ce qui permettrait de livrer à meilleur compte autant les uns que les autres.

J'engage donc bien la Chambre de commerce à prendre cette observation en considération, si elle veut s'en convaincre, de faire réunir un certain nombre de fabricants et de canonniers pour discuter la question, elle verra, selon moi, que c'est une des plus belles améliorations possibles en ce moment que l'on puisse apporter à la fabrique.

Ce système permettrait de faire tout exprès des qualités de cânons qui nous font concurrence à l'étranger, engagerait les industriels à faire usage des laminoirs pour l'arme de luxe, car si Birmingham et Liége n'avaient pas cette faveur ils ne pourraient pas faire ce genre de travail à bon marché et qui est pourtant bien important, car ces commandes entraînent toujours avec elles des commandes d'armes fines.

Ainsi, puisque cela se fait ailleurs, pourquoi ne le ferions nous pas? Ce genre de fabrication ne pourrait nuire tout à fait en rien à la réputation de notre sérieuse épreuve, bien au contraire, selon moi, car les canonniers, sitôt qu'ils appercevraient le moindre défaut à un canon avant de l'assembler, le disposeraient pour un canon commun, et l'on pourrait très-bien faire, soit dans les canons en lames, soit dans les canons roulés, des qualités de canons inférieures.

Si l'on n'avait pas de visite intérieure, et une épreuve un peu moins forte, le poinçon n'étant pas le même, l'on ne pourrait pas tromper l'acheteur qui serait néanmoins garanti pour la solidité.

L'exposition des armes anglaises était représentée tout à fait grandement par une grande quantité de fusils et de carabines de tous genres, leurs canons toujours soudés à l'étain, mais très-bien faits. Ceux qui se chargent par la culasse ont le tonnerre avec le système soudé au cuivre et le reste à l'étain;

les systèmes sont très-nombreux, mais d'un goût qui n'est pas gracieux. Je ne pense pas qu'ils aient avantage sur les nôtres. Leur couleur et leur trempe jaspées sont magnifiques. Leur genre de fusils n'est pas le même des nôtres, mais l'exécution en général est très-bien. Nous avons bien vu néanmoins dans quelques fusils assez fins des défauts assez saillants, mais l'on voit qu'en général les fusils de Londres sont faits avec grand soin ; les prix aussi en sont très-élevés, ils varient de 8 à 12 cents francs. Ce n'est donc pas d'eux que nous redoutons la concurrence.

Il y avait des opins corroyés de plusieurs compositions, dont la tranche était parfaitement dérochée ; j'en ai remarqué qui étaient composés de plus de 300 mises, très-régulières, en petits carrés. Mais cela produit un damas tout à fait confus, qui imite un peu nos damas de riblons ; leur couleur les fait néanmoins bien ressortir. Il y en avait plusieurs comme nous les faisons, de 30 mises environ.

J'ai remarqué un canon de six nuances de damas différents, mais qui n'offrait rien de saillant ; ces damas avaient peu de différence les uns des autres.

J'ai remarqué avec attention un canon de canardière, à culasse mobile, d'assez forte dimension : la culasse ferme au moyen d'un fort pas de vis et est retenue par une charnière. La pièce d'appui surtout était remarquable ; c'était une forte pièce en fer en forme de gache, fixée en dessous du canon, traversée en long par un boulon autour duquel est roulé un ressort à boudin, qui vient s'appuyer contre l'œil de la pièce d'appui qui sert de support et de genouillère. Ce ressort est destiné à céder au moment du recul, tout en conservant sa ligne droite.

J'en ai vu de plusieurs genres, soit dans les musées, soit chez les arquebusiers de Londres. Ceux qui désireraient prendre des renseignements à cet égard, je suis à leur disposition ; ce serait par trop long à décrire et toujours incomplet.

Je ne puis passer sous silence la vitrine de Birmingham, qui est d'une heureuse et admirable composition ; elle représente un magnifique pavillon à quatre façades. A chaque angle, il y a une colonne formée avec des trophées d'armes de guerre et des pièces d'armes qui font un effet magnifique ; le dessus est couvert en forme de pyramides, toutes garnies de pièces d'armes formant des rosaces et des bordures tout autour ; le tout rangé avec un goût et soin qui ne laissent rien à désirer. Dans le fond de chaque façade sont les armes de luxe, qui sont très-variées et en assez grand nombre.

J'ai remarqué un canon de forge soudé à moitié et sans chemise. Ceci n'a rien d'intéressant ; c'est une petite difficulté à vaincre.

Il y avait des canons sortant de la meule, mais qui étaient faits admirablement. Nos aiguiseurs pourraient très-bien les faire ; mais malheureusement ils ne le font pas. Aussi, à cet égard, je proposerai la création d'une grande usine montée par actions, que tous les fabricants et ouvriers armuriers aisés y prennent part afin que tous y soient intéressés. Pour arriver à cela, il faut s'entendre et se réunir, et voici un moyen bien facile : c'est de se faire recevoir dans la Section d'Industrie de la Société impériale, au Palais-des-Arts, et là, sans frais qu'une simple cotisation, on aura tous les éléments possibles pour se réunir et s'entendre sur les grandes améliorations à apporter à notre industrie. Ce n'est qu'avec l'union que nous obtiendrons la force ; isolés, jamais l'on ne fera rien.

J'ai bien remarqué leurs canons ordinaires. Je crois qu'ils

sont faits au laminoir; ils ne sont pas affranchis en dedans. J'ai remarqué aussi des canons avec gros rubans, qui étaient tous bruts à l'intérieur. Ces fusils sont très-bon marché et ont une marque d'épreuve différente.

Le représentant des armes de Birmingham m'a dit que ces genres de canons subissaient une épreuve bien plus faible que les autres. Tous ces canons sont assez lourds et sans *aucun dressage ni alésage en dedans*.

ENFIELD.

Je ne parlerai pas de l'exposition de la manufacture d'Enfield, qui représentait toutes les opérations diverses faites au moyen des machines, que toutes les pièces en général du fusil subissent d'un bout à l'autre; je dirai seulement que c'est une admiration; qu'il n'est pas possible de croire sans l'avoir vu que l'on ait poussé aussi en avant les moyens mécaniques.

Je vais essayer de donner quelques notes de ce que j'ai vu de plus intéressant à travers ces 1,500 machines différentes qui servent à confectionner tous les fusils d'Enfield.

Voici, en quelques mots, comment le canon se fabrique : Je n'ai pas pu savoir quel était l'origine de la matière; tout ce que l'on m'a affirmé, c'est que c'était un fer préparé spécialement pour le canon au laminoir, et qu'ôn avait eu beaucoup de difficultés pour arriver à un bon résultat.

Les fers arrivent à l'usine en lames, par paquets de 10; ces lames pèsent 4 kil. 500 grammes. Pour faire le canon que nous appelons canon anglais ou carabine d'Enfield, voici à peu près la dimension : 25 centimètres sur 11 centimètres; force, 13 à 15 millimètres.

Pour la première opération, cette lame est chauffée rouge et passée dans un cylindre spécial pour la plier. Il y a cinq canelures dont trois formant le plein d'un côté et le vide de l'autre pour plier la lame à moitié ; les autres forment le vide des deux côtés pour la plier entièrement.

Le deuxième laminoir est le plus intéressant. C'est là que se fait tout le canon. Aussi y ai-je bien porté mon attention. Les cylindres ont environ 80 à 90 centimètres et 55 à 60 centimètres de diamètre, ayant des canelures graduées, où est imprimée la forme du canon, partagées sur les deux cylindres et placées de manière à ce que les deux cylindres se rencontrent ; c'est-à-dire les extrémités des empreintes se rencontrent parfaitement. Il est bien à remarquer que les cylindres ont la forme conique du canon et gradués de force, afin que le canon s'étire à mesure qu'il passe dans une plus petite canelure.

Par devant les cages des cylindres, sont adaptés deux bras de force en fer, juste à la hauteur de la jonction des deux cylindres ; ces deux bras se prolongent à une distance de 1 mètre environ. A ces deux bras est adaptée une double barre de fer, qui a une séparation entre deux de 5 à 6 centimètres ; elle forme une espèce de barrière qui empêche d'arriver aux cylindres.

A la gauche du lamineur est placée une série de broches qui sont graduées de force, de manière à pouvoir rentrer facilement dans le canon à chaque opération qu'il subit. Ces broches ont environ 2 mètres de long et à une distance mesurée juste à partir du centre des laminoirs, où l'étirage se fait jusqu'à la façade de la double barre qui sert d'arrêt. Là est fixée une virole en fer toute ronde, d'environ 15 centimètres de diamètre sur 5 millimètres d'épaisseur. Cette plaque est donc pour servir d'arrêt, de manière à ce que le

canon passe au cylindre sans que la broche le suive, tout en
conservant le calibre que la broche représente.

Ainsi le lamineur, pour la première opération, prend la
plus grosse broche. J'ai remarqué que les deux cylindres ne
se joignent pas parfaitement, et c'est fait à dessein, de manière à ce que à la première opération, il se produise une
bavure assez sensible. C'est au moyen de cette bavure que
se fait la soudure principale.

Le chauffeur tire la lame pliée à la bouche du four très-
chaude, c'est-à-dire à un blanc bien soudable. Le lamineur
est là, prêt, qui enfile sa broche en ayant bien soin, pour la
première fois, de tourner la jonction sur le côté, de manière
à ce que la jonction se trouve pincée entre les deux cylindres ; car là est, à mon idée, une des attentions les plus
essentielles. Il passe le canon entre les deux barres avec une
grande habileté et arrive à la plus grosse canelure ; le canon
passe comme l'éclair ; le preneur de derrière l'attend avec
une petite broche et le jette par côté, où un aide-chauffeur
le prend et le remet au feu de suite, et à chaque passe il retourne au feu ; de sorte que l'on en suit une série qui compose
la garniture du four sans interruption. On en met un au feu et
on en sort un autre. Le lamineur a le coup-d'œil à mesure
que la série change de longueur de changer de canelure, en
passant toujours le derrière du canon le premier dans le
cylindre, et en ayant le coup-d'œil pour attendre que le cylindre présente la face du derrière avant de lui abandonner le
canon. Ainsi toujours la même opération se suit jusqu'à ce
que le canon arrive à la dernière canelure, qui sont au nombre de 10 à 12. Je renouvelle ici qu'à chaque passe le canon
retourne au feu, de sorte qu'il passe toujours au blanc soudable et force très-peu à l'étirage. Je suppose qu'un laminoir à canon ne doit employer que bien peu de force. Le

canon sortant du laminoir passe entre les mains du poseur de mamelons; il a une petite forge chauffée au coke; il chauffe son bout de barre, prépare son morceau de fer et le coupe presque à fond, le remet au feu avec le derrière du canon, rapporte sur l'enclume les deux pièces, pose le morceau de fer sur le canon; le frappeur donne un petit coup de marteau légèrement et le forgeur finit de casser la barre. Le morceau est légèrement soudé; alors le forgeur remet au feu, chauffe bien comme il faut pour souder; à côté de lui est un petit martinet qui, en dessous, a l'empreinte du dessous de canon et en dessus l'empreinte du mamelon; il apporte la chaude; le frappeur enfile vivement une petite broche et de suite il met le canon sous le martinet, qui frappe avec la rapidité de l'éclair et soude le mamelon parfaitement; sorti de là, il donne un coup de chasse derrière le mamelon pour arrondir le canon qui a été légèrement applati.

Pour la dernière opération de la forge, l'on fait rougir le canon et on le porte dans une espèce de presse qui a la forme du canon coupé en deux. Là, une roue passe dessus, qui fait pression dans toute la longueur, et chaque fois que la roue passe l'on retourne le canon. Cette opération lui imprime une tension et le redresse assez bien.

La première opération du forage offre beaucoup d'intérêt, et je la crois applicable chez nous. Ce sont des bancs en fonte très-forts, de 1 mètre de hauteur, où l'on fore quatre canons à la fois. Les forets sont des petites fraises assez simples, de 12 à 13 millimètres de force, longues de 3 à 4 centimètres au bout d'une tringle de 10 millimètres environ; il y a un petit chariot sur lequel sont les quatre empreintes où l'on enfile le canon après avoir enfilé la tige de la fraise dedans, et le canon vient s'arrêter par le mamelon. On attache le bout des tiges des fraises aux quatre emprunts qui donnent le mouvement. Une vis d'appel tire le chariot qui tient les quatre canons. Une fois la mise en mouvement, quatre petits robinets donnent de l'eau sur les canons, et en 20 minutes l'opération est faite.

Le même ouvrier conduit deux machines ; de sorte qu'il détache et rattache les canons de l'une du temps que se percent ceux de l'autre. Il n'y a donc pas de perte de temps. Ils forent 12 canons à l'heure et sans peine. Sortant de là, on les met à d'autres bancs à forer, faits de même, mais qui alèzent avec des mèches à coin comme les nôtres. L'on ne se sert pas de forêt taillé. Les troisièmes bancs n'ont pas de vis de pression ; ce sont des poids simplement et toujours des mèches à coins. Les dresseurs sont presque tous des jeunes gens ; mais ils ne dressent pas mal. Je crois leur genre de forage avantageux, et il doit moins fatiguer les canons que le nôtre et très facile à mettre des ouvriers au courant, plus convenable pour l'ouvrier et moins dangereux.

Les tours n'offrent pas grand intérêt. C'est à peu près la même opération des nôtres ; seulement ils approchent davantage. Les bancs sont tout en fonte et présentent beaucoup de solidité. Il reste très-peu d'ouvrage pour la meule.

L'on n'aiguise pas tout à fait comme ici : l'aiguiseur, au lieu d'être sur la meule, c'est-à-dire d'avoir son canon au sommet de la meule, le tient par côté, à sa gauche, en face de l'axe. A mesure que la meule s'use, il ne fait qu'avancer son chariot ; car c'est une espèce de chariot qui fait avancer le canon contre la meule, et il tourne son canon avec une manette, à peu près comme ici. A sa gauche, sur un établi, est placé un support, où sont tracés en dessous les points où doivent arriver les mesures très-justes ; car il n'y a point de tolérance. Les meules sont encaissées dans des cages en tôle très-fortes et bien boulonnées pour atténuer un bris.

La culasse, le piston, le guidon, le polissage, tout se fait à la mécanique. Le canon subit en tout 78 opérations de la baïonnette.

J'ai examiné attentivement cette fabrication, attendu qu'on me l'avait recommandé.

L'on coupe des morceaux de fer carré de 8 à 9 lignes, de la longueur de la douille, et des morceaux d'acier pour les lames de 20 à 25 centimètres; l'on commence par faire une chaude aux morceaux d'acier pour refouler un des bouts et l'on donne un coup de martinet, qui a une étampe pour former le col en laissant au bout le morceau que l'on a refoulé, qui sert à faire la soudure. Ensuite un autre ouvrier fait la soudure; il chauffe la douille à une chaleur bien soudante; mais l'acier, il ne le chauffe que légèrement blanc en le passant souvent dans de la chaux pilée. Quand c'est chaud, le forgeur apporte les deux chaudes, en plaçant la douille en fer sur l'enclume, et il place lestement l'acier perpendiculairement sur le fer bouillant. Le frappeur frappe sur l'acier, qu'il fait rentrer à moitié dans l'épaisseur de la douille en fer; il remet au feu de suite, chauffe à blanc, évitant autant que possible la chaleur au col de la lame, et alors, avec une chasse mi-ronde, il pare aussi bien qu'il est possible les jonctions de la soudure; il remet au feu une troisième fois, porte la douille à une étampe adaptée au marteau-pilon, fait donner deux coups et la douille est parfaitement formée. De là, un autre ouvrier la prend pour étirer la lame; il a, à côté de sa forge, un petit martinet qui est très-ingénieux : il y a quatre marteaux qui se meuvent ensemble sans toucher les tas du dessous; ils ne descendent que juste à l'épaisseur qu'ils doivent étirer. Le premier étire le derrière de la lame, le second la pointe, le troisième étampe le derrière et le quatrième la pointe. Cet étirage est fait en deux chaudes, rien que rouge ;

sorties de là, on les recuit, on les dresse et on les livre aux machines qui forent la douille, fraisent la lame et la douille dans tous les sens, font la fonte, enfin les terminent entièrement. Il ne reste plus qu'à les couder, les tremper et les polir. Pour les couder, il y a une petite machine très-ingénieuse, et le four à chauffer les coudes est très-ingénieux aussi : c'est un petit four carré, chauffé au coke ; au-dessus est une plaque en fonte garnie de petits trous ; sur chaque trou, l'on met une baïonnette juste à l'endroit où elle doit se couder, ça rougit sans faire de paille, l'on place la douille sur la machine, une petite roue prend la lame sans avoir l'air d'y toucher et la coude parfaitement.

Pour la trempe, c'est un four dans lequel est placée une caisse en fonte d'environ 60 centimètres de long sur 30 de large et 30 de profondeur. Cette caisse est placée isolément dans le four, de manière à ce que la flamme passe tout autour afin que le bain soit constamment rouge ; elle est remplie de plomb et recouverte constamment d'une couche de poussière de bois. C'est dans ce bain de plomb rouge que l'on fait rougir les lames de baïonnettes, qui se rougissent avec un régularité parfaite.

A côté de ce four, est un petit bassin d'eau courante dans lequel sont placées deux caisses pleine d'huile, où l'on trempe les lames ; du temps que l'une se froidit, l'on trempe dans l'autre. De là, on les flambe ; il y a un feu très-clair ; l'on expose les lames sur le feu, et à mesure que la chaleur vient l'on donne un coup de pinceau enduit d'huile jusqu'à ce que l'huile flambe bien partout ; on les redresse du même moment toutes chaudes, et de là on les fait polir ; avant, on leur donne un léger coup de meule ; elle subit 48 opérations.

J'aurais beaucoup à rapporter au sujet des armes exposées ;

car dans toutes les puissances il y en a quelques-unes. La Suisse a de belles carabines; l'Autriche, la Prusse ont aussi quelques fusils très-bien faits; mais tout cela n'a rien d'important pour notre industrie.

J'ai vu une machine à sculpter qui travaillait admirablement et qui peut s'appliquer aux bois de fusils. Dans les fusils indiens, j'ai remarqué des canons damas turcs très-fins, représentant les nôtres; mais un peu confus. J'y ai remarqué un fusil revolver à 6 coups et à mèche; j'en ai vu ensuite plusieurs dans les musées d'artillerie; ce qui prouve que le revolver est un des premiers fusils.

Je crois avoir stipulé tout ce que j'ai vu de plus intéressant à l'Exposition et à Enfield pour l'armurerie de Saint-Etienne.

J'oubliais de signaler un affût pour le tir des carabines. Je crois qu'il doit bien remplir le but désiré. Pour se rendre compte de la partie, les personnes qui désireront en prendre connaissance, j'en ai le plan accompagné d'une explication bien détaillée, ainsi que le plan d'un instrument appelé la dryomètre, pour mesurer la distance des balles dans un blanc avec précision.

A notre retour à Paris, nous avons profité du temps que nous avions à y rester pour voir M. Léopold Bernard. Ayant vu à l'Exposition les effets produits par sa machine à raboter, attendu qu'il en est breveté, nous lui avons demandé s'il céderait l'autorisation d'en construire de semblables; il nous a demandé à réfléchir jusqu'au lendemain, et avant de partir, nous sommes allés à la hâte chercher la réponse, et j'ai visité son atelier avec beaucoup de plaisir. Cette machine à

raboter fonctionnait à merveille. Cependant, si nos aiguiseurs voulaient, l'on pourrait s en passer ; il y aurait économie à la meule.

J'ai bien remarqué son four à braser, qui, je crois, nous
rendrait bien service. J'en avais monté un dans le temps ; il
ne chauffait pas assez ; ça dépendait de la cheminée, et j'y
avais renoncé. Mais j'ai vu que le sien faisait tout à fait bien.
C'est tout simplement un petit four à réverbère de la longueur des canons. Il ne s'agit que d'envelopper toujours
dans la même terre que nous employons, seulement un peu
plus fort à la bouche. Pour compenser la force du fer par de
la terre, on en soude quatre à la fois, et ça ne les fausse
presque pas. Pour un canonnier, c'est très-avantageux.

Je termine mon rapport ici. Je crois avoir rempli la mission que la Chambre de commerce a bien voulu me confier,
et je la remercie de l'honneur qu'elle m'a fait en me choi-
sissant pour un de ses délégués. Tout ce que je regrette,
c'est de n'être pas plus lettré pour bien me faire comprendre. Mais je serai à sa disposition pour tout ce qui serait à
même de donner des renseignements de vive voix, afin de
mieux me faire comprendre.

CANARDIÈRE ET HAUSSES ANGLAISES

décrites par M. Fontvielle.

—◦—

« Nous avons tous remarqué un long canon de canar-
« dière porté sur un affût avec une coulisse de trente cen-
« timètres de long placée en dessous et munie d'un ressort
« à boudin pour rendre le recul moins sensible, hausses à
« coulisses sur les côtés de la bande pour carabines dou-
« bles.

« Les arquebusiers anglais ayant adopté pour les armes
« de précision les hausses mobiles qui figurèrent pour la
« première fois en France à l'Exposition de 1844, et dont le
« principal avantage est de glisser sur le plan incliné fourni
« par la bande en se rapprochant ou en s'éloignant à volonté
« de l'œil du tireur, j'ai dû me pénétrer complètement de
« l'heureuse disposition de ces hausses; aussi je pourrai les
« installer sur nos fusils de chasse, mais plus avantageuse-
« ment encore sur nos carabines de tir, sauf à déterminer
« après les essais indispensables à la graduation de l'échelle
« qui conviendraient à chacune d'elles. »

RAPPORT

DE

M. JALABERT AɪɴÉ

Ancien arquebusier, Conservateur du Musée d'Artillerie.

NOTES

SUR L'ÉTAT COMPARÉ DE L'ARQUEBUSERIE EN FRANCE
ET A L'ÉTRANGER.

Pour exposer plus commercialement l'état avancé d'une
industrie à une époque donnée, nous avons cru nécessaire de
remonter à des dates plus rapprochées de son origine.

Le tableau annexé à ces notes, et qui avait été dressé
sur des chiffres officiels destinés à l'histoire de la fabrication des armes à Saint-Etienne, comprendra donc une période de 42 ans, à partir de 1819 jusque et y compris 1860.
— C'est, selon nous, le meilleur document que nous puis-
sions fournir pour établir de la manière la plus certaine et la
plus facilement appréciable les progressions annuelles, quin-
quennales et décennales de notre industrie arquebusière.

La moyenne de sa production, de 1819 à 1828 compris,
soit dans une période de 10 ans, a été de 53,185 armes un
dixième, et de 1851 à 1860 compris, elle ne s'est élevée qu'au
chiffre de 67,839 armes neuf dixièmes. Cette augmentation
de 14,654 armes huit dixièmes pour ces dix dernières années, les plus favorables aux autres industries de notre ville,
est bien faible, surtout en la comparant à l'accroissement

prodigieux de notre population qui, en 1819, première date de ce tableau, n'était que de 19,102 habitants, et qui, en 1856, date du dernier recensement officiel, s'est élevée à 94,432 habitants, soit à 75,332 âmes en plus, représentant une augmentation des trois quarts de notre population, dont on sait que les quatre cinquièmes s'occupent de commerce. Ce presque *statu quo* numérique de notre industrie ne doit-il pas être attribué aux entraves de la législation de 1810? On pourra s'en convaincre en comparant, aux bilans des productions anglaises et belges, soit le chiffre effectif donné par notre tableau, soit celui qui serait possible aujourd'hui en tenant compte de l'accroissement des ateliers de notre Manufacture impériale, et qui arriverait à 218,767 armes. Par ce rapprochement, il sera surtout évident qu'entre des nations qui possèdent les mêmes éléments de succès, l'infériorité de production ne peut être que le résultat d'une réglementation restrictive, surannée et qui n'a plus sa raison d'être.

Groupons maintenant les chiffres de la production anglaise et belge.

Au banc de l'épreuve du commerce de la ville de Birmingham ont été soumis, en 1857, pour la première épreuve, dite provisoire, mais à laquelle on s'en tient d'ordinaire pour les armes de la 4ᵉ classe (voir l'ouvrage de William Greener, p. 256, édition 1858, Londres), le nombre de canons ci-dessous désignés :

Plain iron barels (canon en fer communs unis). . 185,776
Twisted barrels (canons tordus ou à rubans, dont
   70,100 doubles auxquels l'épreuve définitive a
   été bénigne) 136,804
                        A reporter. . . 322,580

Report. . .	322,580
Saddle pistol barrels (canons de pistolets, de selle ou d'arçon). . . . . :	33,480
Best pistol barrels (canons de pistolets, ce qu'il y a de mieux ou de tir)	962
Common pistol barrels (canons de pistolets communs pour tous usages)	2,066
Revolving and double barrels pistols (revolvers et canons pour pistolets doubles).	57,106
Total.	416,194

Londres reçoit une grande partie de ces canons en tubes séparés pour fusils doubles. Mais son commerce particulier, ou les commandes du gouvernement, pouvant s'élever à 100,000 armes environ, nous réduirons ce chiffre à 83,806 pour arriver avec celui de Birmingham à un total annuel de 500,000 fusils.

Enfield, selon les chiffres qui nous ont été données par le directeur de cet établissement, produirait 2,100 fusils par semaine. Mais nous ne compterons, pour la production de l'année entière, que 100,000 armes.

Nous ne parlons pas des armes portatives qui doivent être fabriquées à Manchester.

Voici la production belge, toujours pendant la même année 1857 ; elle est ainsi composée :

Fusils à un coup	268,967
Fusils à deux coups.	99,392
Fusils de bords.	21,344
Pistolets d'arçon.	27,065
Pistolets de poche	116,246
Fusils de guerre	66,194
Total.	599,208

Ces chiffres sont extraits de la déposition de M. Gunther, dans l'Enquête du Conseil supérieur de l'industrie en 1860, à Paris, 2ᵉ vol., p. 65.

APPRÉCIATIONS DE NOS ARMES.

Avant d'additionner ces quatre chiffres des manufactures rivales, nous croyons devoir donner quelques extraits des réponses qui, dans les dépositions de MM. Gauvin, Lefaucheux, Manceaux et Delacour, arquebusiers de Paris (toujours pendant l'Enquête dont nous avons parlé), peuvent intéresser notre commerce d'arquebuserie.

M. Gauvin, en déclarant que ce qui se paie 200 fr. à Saint-Etienne, ne coûtera que 170 fr. à Liége, ajoute : « Le fusil de Saint-Etienne, pour l'ensemble, pour la marche de la platine *vaut mieux que le fusil de Liége.* Mais le fusil de Liége a plus de cachet, etc., etc. »

M. Lefaucheux : « ...... Pour les fusils qui se chargent par la culasse, *on arrive à faire mieux à Saint-Etienne qu'à Liége ;* mais un fusil coûtant 170 fr. à Saint-Etienne ne coûtera que 110 à 115 fr. à Liége. »

M. Manceaux, après avoir avancé que le marché français est à la Belgique, répond à cette seconde question de M. le général Guiod : « Qui est-ce donc qui fait vivre la fabrique de Saint-Etienne ? »

« Elle se soutient, mais elle a considérablement perdu. » (M. Manceaux ne connaissait pas les registres de notre épreuve, qui donnent une progression lente, mais *officiellement établie).*

Et plus bas, il ajoute : « Nous n'avons pas de fabrication d'armes de luxe proprement dite ; nous avons un commerce plutôt qu'une véritable fabrication. Cela tient d'abord aux

prix extraordinaires des matières en France, comparative-
ment aux prix de ces matières en Angleterre et en Belgique. »

M. Manceaux exagère cette différence. Nous répondrons à
cette assertion erronée par l'extrait suivant de notre déposition du 7 juin 1860, devant le Conseil supérieur, 2° vol.,
p. 27 :

« La valeur au poids des matières premières employées,
fers, aciers et cuivres, *est de si peu d'importance*, même
pour les fusils doubles de 27 fr., qu'elle représente à peine
15 p. %; elle disparaît presque entièrement dans les armes
d'un prix élevé. » Ces calculs ont été établis avec la plus
scrupuleuse exactitude.

Mais M. Manceaux est parfaitement dans le vrai, lorsqu'il
dit : « Que le régime restrictif sous lequel nous avons vécu
a empêché le développement de la fabrication, » et lorsqu'il
ajoute, plus bas : « celle de l'arme de guerre est la pépinière
de l'arme de luxe ; » et les délégués du commerce de Saint-
Etienne n'avaient-ils pas devancé l'expression de cette
pensée, quand ils disaient : « Le Gouvernement de l'Empereur trouverait, dans un moment donné, à utiliser à son
profit l'habitude qu'auraient acquise de travailler l'arme de
guerre les fabricants et les ouvriers sur lesquels il conserve
son droit de réquisition. »

Nous citerons encore ce fragment de la déposition de M.
Manceaux, comme corollaire des lignes précédentes :

« Les ressources militaires de la France reposent sur les
moyens de produire son armement; si nous n'avions pas
une population ouvrière nombreuse, dans les moments de
danger, on ne pourrait pas fabriquer assez d'armes. »

*Récapitulation des chiffres de l'arquebuscrie étrangère
en* 1857 :

(1) Birmingham	416,194
Londres	83,806
Enfield	100,000
Liége	599,208
Total annuel	1,199,208

A Saint-Etienne, pendant la même année 1857, ont été soumis ou pourraient être actuellement fabriqués et acceptés à notre banc d'épreuve le nombre de canons ci-désignés :

Canons pour fusils de guerre, simples		18,500
Id.	pour fusils de chasse, simples	9,222
Id.	pour fusils doubles	34,965
Id.	tromblons ou canardières et pistolets de poche	6,992
Id.	Fusils transformés, 80,000, dont le huitième est	9,673
Id.	Grands pistolets	738
	Total annuel et non en moyenne pour 1857	80,090

Les trois Manufactures impériales et l'arquebuscrie de Paris fournissent annuellement, en forçant un peu leurs chiffres :

A *reporter*. . . 80,090

(1) Désobry et Bachelet, dans leur Dictionnaire historique, Paris, 1861, 1er vol., écrivent que Birmingham, dont la population n'était, en 1821, que de 106,000 âmes, en 1856 de 233,000, fournissait au gouvernement anglais, pendant les guerres de la Révolution, 14,500 fusils par semaine.

```
                              Report. . .   80,090
Tulle, fusils de guerre . . . . . . . . . 18,000
Mutzig,        id.       . . . . . . . . . 15,000
Châtellerault, id.      . . . . . . . . . 20,000
Paris, armes de luxe . . . . . . . . . .  2,000
                                         ──────
        Total. . . . . . . . . . . . . . 55,000   55,000
                                                  ──────
```

Le total général annuel pour 1857 de la production arquebusière de la France ne s'étant élevé qu'à. 135,090 (cent trente-cinq mille quatre-vingt-dix armes), est donc inférieur aux chiffres réunis de l'Angleterre et de la Belgique de . . . . 1,064,118 armes, (un million soixante-quatre mille cent dix-huit armes).

Si, dans un rapport où nous voulons présenter l'état actuel de notre arquebuserie, nous n'avons pas inscrit le nombre, très-important, des armes de guerre ou de chasse fabriquées à Saint-Etienne en 186: et pendant les premiers six mois de 1862, c'est qu'il est le premier jalon de la nouvelle carrière commerciale qui vient de nous être ouverte par l'heureux affranchissement de notre vieille industrie. Cet accroissement justifie surabondamment de la sagesse et des bienfaits de cette nouvelle législation, et c'est à nos neveux, qui doivent en profiter, que nous léguons le soin de notre reconnaissance pour les précieuses assurances de haute protection qui viennent de nous être données à Londres avec tant d'affabilité par S. A. I. le Prince Napoléon et Son Exc. M. Rouher, ministre de l'agriculture, du commerce et des travaux publics.

Pour éviter une confusion possible dans les détails à donner sur des pièces du même nom et communes à des produits différents, nous croyons devoir établir les classifications suivantes :

CLASSIFICATION DES ARMES DE SAINT-ÉTIENNE.

Les produits de l'arquebuserie de Saint-Etienne se divisent essentiellement, soit par la spécialité de leur destination, soit par leur forme, leur dimension et le plus ou moins de soin donné à leur fini, en quatre classes, que nous désignerons ainsi :

1re classe : Armes de guerre, fusils, carabines et pistolets ;

2e classe : Armes de chasse, fusils doubles, carabines de tir, pistolets, etc., etc. ;

3e classe : Armes de troc, dites autrefois armes de traite, qualité inférieure ;

4e classe : Armes riches, genre oriental, ou ornementées, dites armes de Panoplie.

1re Classe.

ARMES DE GUERRE.

On n'aurait que peu de choses à dire des armes de guerre si, grâce au bénéfice de la nouvelle loi, tous les fabricants d'armes n'étaient pas autorisés à en accepter les commandes.

Déjà d'importantes fournitures ont été livrées par M. Félix Escoffier, entrepreneur de notre Manufacture impériale, à l'Angleterre, l'Egypte, la Turquie, la Grèce, la Russie, le Maroc et au gouvernement d'Haïti. Ces nombreuses livraisons témoignent de l'activité apportée par M. Félix Escoffier pour étendre au loin nos relations commerciales ; les soins qu'il fait donner à la fabrication des armes de guerre de tous modèles qui se font dans ses ateliers ne peuvent manquer de donner une haute idée des ressources de notre industrie

arquebusière. Enfin, près de 150,000 fusils sont actuellement en fabrication sur notre place, chez 10 ou 12 de nos
anciens confrères, et ces armes doivent être livrées, en
1863, à l'Amérique et au Piémont, environ par moitié, in-
dépendamment des commandes annuelles pour le Gouvernement français et de celles que la consommation de la
France exige habituellement.

Ce surcroît de demandes pressées devait nécessairement
rencontrer des impossibilités, à cause de la lenteur de confection de certaines pièces qui exigent une habileté de tour
de main, résultat d'un long apprentissage.

Les canons et les baïonnettes furent les premières pièces
dont la pénurie se fit sentir.

Informée de cette ruineuse impossibilité manufacturière,
notre Chambre de commerce, toujours soigneuse de l'entier
accomplissement de son mandat, dut, à la demande des
arquebusiers, dont les livraisons d'armes étaient suspen-
dues par le manque de baïonnettes, intervenir auprès de
M. le Ministre du commerce, pour obtenir l'introduction tem-
poraire, en France, de cette arme d'Hast que l'étranger
fabrique avec plus de célérité que nous. Mais, pour rendre à
l'avenir notre industrie arquebusière complètement indé-
pendante de toutes éventualités politiques et pour la faire
progresser plus rapidement, une délégation fut envoyée à
Londres avec mission d'apprécier en même temps et les produits exposés et l'emploi des machines-outils à la fabrication plus prompte et plus régulière de toutes les pièces qui
composent et complètent une arme à feu.

M. Fontvielle, maître-systèmeur (on donne ce nom en fabrique à l'ouvrier qui établit le système d'inflammation sur
une arme à feu), de plus inventeur de divers perfectionnements pour les armes de précision, dut être désigné, en

même temps que M. Papillon, mécanicien-rayeur, et M. Ronchard-Siauve, maître-canonnier, ancien fabricant d'armes,
membre de la Société industrielle de notre ville.

Nous nous permettrons quelques réflexions préliminaires
sur les remarquables rapports de deux de ces messieurs, et
nous rendrons compte des appréciations verbales si judicieu-
ses de M. Papillon.

En rendant toute justice aux canons simples et doubles de
diverses étoffes et dimensions exposés par MM. les canonniers de Paris, M. Ronchard n'hésite pas à reconnaître que,
pour la préparation plus prompte et plus régulière de chacun
des tubes destinés à la confection d'un canon double, la
machine à raboter, perfectionnée par M. Léopold Bernard,
est, pour le fini de ces produits, l'auxiliaire le plus puissant.

Nous ajouterons même qu'il est devenu indispensable
pour obtenir la parfaite parité qui doit exister dans la courbe
ou *évidement* extérieur de chacun des tubes du même
canon (1).

On conçoit aisément qu'un rabot qui court, sans pouvoir
se dévier, sur une règle en acier, ayant la courbe qu'on veut
donner aux canons soumis à son action, reproduira invaria-
blement cette même courbe sur tous ceux qui lui seront successivement présentés, et puisque nos maîtres-canonniers

(1) C'est à tort qu'on s'imaginerait qu'un canon double, parce qu'il a
un diamètre extérieur un peu plus fort et décroissant du tonnerre à la
bouche, présente une forme conique non interrompue. En lui appli-
quant de champ sur le côté une règle en bois, d'une longueur suffi-
sante, on s'apercevra qu'elle n'appuie qu'aux deux extrémités de la
paroi extérieure; le plus large intervalle qu'elle laissera en partant de
ces deux points d'appuis, indiquera la flèche de la courbure dont nous
avons parlé.

savent mieux que personne combien ce travail de parité est
important, quels talents et quels soins il exige, nous les en-
gageons instamment à se pourvoir de cette indispensable
machine-outil.

Nous leur rappellerons qu'elle fonctionne seule, laissant
tous loisirs à l'ouvrier chargé de sa direction, et qu'elle
attend sans détériorer la pièce qu'on aurait négligé de dé-
monter, qu'un nouveau travail lui soit fourni.

Les machines à raboter sont connues depuis plusieurs
siècles; il y a même tres-longtemps qu'elles ont été employées en arquebuserie, et notamment à Saint-Etienne, chez
M. Clair, mécanicien-constructeur de machines (1), pour
certains canons de pistolets ornés, parallèlement à leur axe,
de filets et de moulures saillantes. Mais les perfectionnements successifs que M. L. Bernard a apportés, depuis 1844,
à ce mécanisme, nous sembleraient devoir être préférés à des
tâtonnements toujours onéreux.

Nous verrions donc avec plaisir qu'on voulût s'entendre
avec cet éminent artiste, qui cédera, moyennant une prime
stipulée dans la lettre qu'il a bien voulu nous confier, le
droit d'employer une machine semblable à la sienne; elle
pourrait être acquise en commun par quatre ou cinq maîtres-canonniers et suffirait, je crois, à leurs besoins.

Je ne reviendrai pas sur les avantages d'un fini plus parfait, sur l'économie de temps et de travail qu'elle assurerait
à ses possesseurs.

Puisque M. Ronchard, en nous expliquant les différentes
dispositions des damas de corroy exposés à Londres, ne nous

(1) Une puissante machine établie par M. Decoster à Paris, est maintenant en fonction à notre Manufacture impériale, pour la confection
des canons doubles en acier fondu, et elle en rabote trois à la fois.

parle pas des canons doubles en acier fondu, d'un dressage
si parfait, exposés par lui et plusieurs autres maîtres-canonniers ou arquebusiers de notre ville, je dois faire remarquer
que, pour l'adoption de ce nouveau métal, nous sommes
plus avancés que toutes les autres nations ; car depuis 1844,
à la suite des essais que nous avions fait faire nous-mêmes,
soit avec un canon en acier fondu provenant des forges de
M. Krupp, d'Essen (Prusse), soit avec les aciers français de
MM. Petin et Gaudet, de Rive-de-Gier, ayant reconnu que la
résistance de ce métal était à peu près triple de celles de
nos meilleurs corrois, nous avions acquis la conviction que
cette supériorité de résistance ferait bientôt substituer l'acier
fondu à ces divers mélanges, très-longs à préparer et, par
suite, très-coûteux.

Notre conviction est, du reste, partagée par M. Friedrich
Krupp, d'Essen, puisque nous lisons dans le catalogue de
son exposition à Londres, page 10 :

« Jusqu'à ce jour, notre établissement n'a livré que des
canons de fusils et de carabines en barres forgées massives ;
mais l'on y organise actuellement des ateliers très-étendus,
qui permettront de livrer rapidement et en grande quantité
les mêmes canons entièrement finis. »

Ces préparatifs d'un établissement aussi important que
celui de M. Krupp (1) engageront sans doute nos métallurgistes à se mettre en mesure contre la concurrence étrangère.

---

(1) Cette fonderie d'acier, qui tient le premier rang dans la Prusse
rhénane, occupait 800 ouvriers en 1855 ; elle avait 8 marteaux-pilon du
poids chacun de 12,000 kil. ; coulait des lingots d'acier de 20,000 kil.
On y voyait 12 machines à vapeur, dont une de la force de 200 chevaux,
et il y existe maintenant un treizième marteau-pilon du poids de 50,000
kilog.

En attendant que, par des procédés mécaniques plus perfectionnés, les canons en acier fondu nous soient fournis à un prix égal à celui de nos canons en fer fin (progrès économique dont nous ne désespérons pas. surtout si l'on fait entrer en compensation de la plus-value du métal (l'acier fondu) le travail si long, si problématique de la forge, du brasage et de l'ajustage des bandes d'un canon double), nous ajouterons quelques notes historiques à celles de M. Ronchard sur la confection, pour les armes de guerre ou pour les armes ordinaires de chasse, des canons en fer par les procédés des laminoirs.

Cette fabrication, avantageuse surtout pour les armes de guerre et pour toutes celles d'un modèle uniforme et nombreux, fut expérimentée deux fois à Saint-Etienne, et notamment en 1831 ; mais elle dut être abandonnée à cause des imperfections de ses produits. En 1834 et 1835, la Belgique l'essaya sans plus de succès. L'Angleterre, plus persévérante, ayant préparé une certaine qualité de fer se prêtant convenablement à cet emploi, et continuant cette fabrication, a, depuis plus de 25 ans, fait une concurrence redoutable à la Belgique. Aussi, en 1853, MM. Simonis et Cᵉ, de Liége, remirent-ils en activité l'usine du Val-Benoît, et en 1855 ils obtenaient déjà de 4 à 500 canons par jour ; on a même dit 600.

Voilà donc nos concurrents les plus sérieux en possession d'un moyen de fabrication aussi puissant qu'économique. Si, à l'époque, nous avions dû le rejeter à cause de ses imperfections, puisqu'il est devenu acceptable par l'emploi d'une qualité particulière de fer, la nécessité de reprendre ce moyen de production est devenue impérieuse pour pouvoir à l'avenir soutenir la concurrence étrangère, surtout dans la fabrication des armes d'un prix inférieur.

4

« Un seul maître de forge, » dit M. de Lobel, lieutenant-colonel d'artillerie, dans son Rapport sur l'exposition de l'arquebuserie belge, à Paris, en 1855, « M. John Marshall Wednesbury, est parvenu, dans toute l'Angleterre, à produire la qualité de fer indispensablement en usage pour la fabrication des canons au laminoir. » De même qu'à Liége, il n'y a donc qu'à résoudre d'abord, à Saint-Etienne, « un problème sidérurgique qui consiste à obtenir, par le puddlage de la fonte au coke, un fer dur et de grande pureté capable de remplacer les meilleures qualités des fers affinés au bois. » (1)

Persuadé que nos maîtres de forges français n'ont rien à envier aux connaissances de ceux des autres nations, nous devons croire qu'ils nous fourniront bientôt un fer capable de se souder exactement par la pression.

Pour compléter les bons résultats de la reprise de ce nouveau mode de production, nous conseillerions d'essayer la torsion du tube au sortir du laminoir, afin qu'en faisant décrire une spirale à la soudure elle puisse opposer une plus grande résistance à l'effort des gaz. Une seule opération, le canon étant chauffé de toute sa longueur dans un four à réverbère, nous semblerait devoir suffire à ce perfectionnement de forge si ancien, et qui faisait donner aux canons des fusils de chasse sur lesquels il avait été exécuté le nom de *canons tordus.*

Il serait on ne peut plus facile aux métallurgistes de Saint-Etienne de nous fournir, à des prix de 50'p. % au-dessous de celui de nos fers fins, une bonne qualité de fer au coke qui pourrait être employée pour nos canons au laminoir. Mais dans tous les cas, nous ne conseillerons pas l'emploi de ces fers obtenus avec de vieux morceaux de ferraille,

(1) Si nos qualités supérieures de fers au bois doivent céder la place aux fers *durs* fabriqués au coke.

oxydée, de toute forme et de toute nature. Birmingham s'en sert pour beaucoup de canons. Ceux qui sont fabriqués à Liége avec ces matières hétérogènes (vulgairement appelées riblons à Saint-Etienne), se nomment *canons platine*, et selon M. Mangeot (Bruxelles, page 16, édition de 1854), « les canons platine étant fabriqués avec un fer aigre peu corroyé et soudés dans toute leur longueur, *ne présentent que peu de garantie.* »

Cette expression : *soudés sur toute leur longueur*, signifie probablement que le joint de la soudure ne décrit pas une spirale autour du tube, ainsi que nous l'avons conseillé, mais qu'il conserve au contraire, dans tout son parcours, une direction parallèle à celle de l'axe du canon.

Car M. Mangeot sait fort bien qu'un canon qui ne serait pas soudé sur toute sa longueur serait infailliblement rejeté. Ce pendant, continue-t-il, « on n'en voit peu crever aux épreuves, malgré la qualité inférieure du fer et *le peu de soin qu'on apporte à leur manipulation.* »

Mais ces épreuves belges ne sont-elles pas, comme en Angleterre, de 4e classe ? et, par conséquent, de beaucoup inférieures en quantité de poudre à celles, qui jusqu'à ce jour ont été les seules usitées et supportées si aisément par tous nos canons de Saint-Etienne, même les plus ordinaires.

Citons aussi M Gunther, répondant à cette question de M. le général Guiot (page 66 de l'Enquête commerciale) : « Savez-vous s'il y a beaucoup de rebuts parmi les 5 à 600 canons journellement fabriqués aux laminoirs par MM Simonis et Perlot, de Liége ? » M. Gunther : « Il y a quelques rebuts, « *mais les canons rebutés sont utilisés pour les fusils à « très-bon marché* destinés à la côte d'Afrique. Cependant chaque canon le rebut est éprouvé par une commission militaire, et l'on est sûr que ce *n'est pas un canon absolument mauvais.* »

Ne pourrait-on pas rendre le sens des sept mots que nous avons soulignés plus précis, en disant que ces canons *ne sont qu'aux trois quarts mauvais ?*

Il faut nécessairement que ce soit avec de tels canons qu'on fabrique, à Liége, ces fusils à un coup dits Cadets, qu'on cède au commerce d'exportation à 5f,50 et 6 fr., ceux pour hommes à 6f,85, 7, 8, 11 et 11f,55. Mais, dit encore M. Gunther (page 65) « on n'en voudrait pas un seul en France. » Tandis que le canon du fusil simple pour homme, fabriqué à Saint-Etienne avec des fers fins *au bois* et éprouvé, selon nos règlements (toujours d'après M. Gunther, p. 64, ibidem), s'il vaut, l'arme étant complète, de 11f,60 à 12 fr. « sert à notre consommation en France et dans les colonies françaises. »

C'est pour prouver officiellement cette supériorité de qualité et surtout de résistance de toutes nos armes à bas prix qu'un fusil simple de 12 fr. et un fusil double de 28 fr. avaient été ajoutés aux armes exposées à Londres.

Il est très-fâcheux que le retard mis à l'annonce de leur expédition ne leur ait pas permis de figurer dans le Catalogue officiel et les ait soustraits à l'appréciation du jury, ainsi que les cinq canons qui les accompagnaient.

Ils étaient remarquables, et par leur bonne exécution, et surtout par leur résistance, extra-légale, aux épreuves officielles qu'ils avaient supportées. En voici les chiffres et en même temps la désignation :

1° Deux canons simples pour fusils, de 12 à 14 fr., ayant supporté des charges de 16, 17 et 18 grammes de poudre, plus une balle du calibre exact ;

2° Un canon simple pour fusil, de 15 à 20 fr., ayant sup-

porté trois charges de 17, 18 et 19 grammes de poudre, plus
une balle ;

3° Un canon double pour fusil, de 27 à 28 fr., ayant supporté trois épreuves à l'extraordinaire de 17, 18 et 19 grammes de poudre, toujours avec balle ;

4° Enfin un canon double pour fusil, de 30 à 40 fr., ayant
supporté, *sans la moindre altération*, cinq épreuves successives et croissantes, composées de 19, 20, 22, 24 et 26
grammes de poudre, plus une balle de son calibre.

Si l'on veut savoir à quelle limite éclatent nos canons les
plus ordinaires, lorsqu'ils sont poussés à bout, nous pouvons
donner, comme moyenne officielle et récente de leur rupture,
le chiffre de 27 grammes de poudre, et comme résistance
extraordinaire, celui de 40 grammes, toujours avec une balle
du calibre réglementaire.

Tout le secret de cette résistance extraordinaire de nos canons consistant dans l'emploi exclusif, par tous nos arquebusiers, des fers fins provenant et de la Bourgogne et de la
Franche-Comté, il est à désirer qu'à l'aide de modifications
métallurgiques ou mécaniques on parvienne à réunir à la
ténacité de cet excellent métal l'avantageuse rapidité de production des laminoirs.

Dans tous les cas, depuis que la difficulté de se procurer
des canons s'est faite sentir sur notre place, plusieurs métallurgistes ont essayé de nouveaux procédés de forge, qui,
s'ils ne sont pas tout à fait aussi expéditifs que les laminoirs, ne nécessitent pas du moins un outillage particulier.

Ainsi l'on a montré qu'on pouvait forger complètement,
en moins de 15 minutes, sous un martinet du poids de 70
kil., un canon pour fusil de guerre, dont la soudure serait
très-complète et dont l'étoffe aurait acquis plus de densité

sous les percussions d'un aussi lourd marteau. Des échantillons prouvant cette augmentation de densité sont déposés
à notre Musée d'artillerie.

Pour obvier aux imperfections de la soudure, trop souvent inexacte sous la pression désagrégeante des laminoirs,
un autre métallurgiste vient de se pourvoir d'un brevet pour
un canon forgé avec une lame en fer fin deux fois aussi large
que pour l'ancien système, et faisant, par conséquent, une
double révolution sur elle-même. Par cette heureuse disposition, il n'existera plus de joint qui puisse s'ouvrir sous l'effort de disjonction des gaz.

Cet accident inhérent au mode de fabrication par les laminoirs est très-fréquent à Birmingham, surtout à la première
épreuve. Tous les fragments de canon, et ils étaient nombreux, qu'on nous a permis d'examiner, après chaque salve,
indiquaient parfaitement que le bris du canon provenait du
peu de ténacité de la soudure.

A Londres même, nous avons vu s'ouvrir, soit partielle-
ment, soit dans *toute leur longueur*, les canons fins en fer
Marshall (le gouvernement anglais fait remettre cette qualité
de fer à tous les arquebusiers du commerce auxquels il confie
une certaine fourniture d'armes de guerre) destinés à des
carabines dites d'Enfield, lorsqu'étant complètement termi-
nés, munis de leur hausse, etc., etc., ils étaient soumis pour
l'épreuve définitive à la faible charge de 7 grammes 8 dixièmes de poudre (1) et qu'on n'opposait que du sable humide
au choc de leur recul.

(1) Les canons des armes du même modèle qui ont été fabriqués en
1856, à Saint-Etienne, par M. Félix Escoffier, pour Sa Majesté la reine
d'Angleterre, avaient supporté deux épreuves avec 14 grammes de
poudre pour chaque charge.

Nous renvoyons au remarquable rapport de M. Ronchard ceux de nos

Cette seconde épreuve dont nous venons de parler est de si peu d'effet qu'au banc de l'épreuve d'Enfield, elle a lieu sur des bois de fusils munis d'une platine et d'une détente à laquelle est attachée une petite ficelle qui traverse le mur derrière lequel se tient l'éprouveur. (Ces bois seraient infailliblement brisés sous l'effort de nos épreuves). On comprend, qu'obligé de tirer les unes après les autres chacune de ces ficelles, il doit employer beaucoup de temps pour chaque salve.

Puisque nous avons parlé des bancs d'épreuve anglais, nous dirons qu'il en existe deux à Londres, deux à Birmingham et un à Enfield. Celui qui est outillé avec le plus de luxe est situé dans les bas côtés de l'enceinte de la Tour de Londres ; sa destination est de constater, au moyen de la seconde épreuve, dite épreuve définitive, la solidité de toutes les armes de guerre avant leur classement sur les râteliers de ce vaste arsenal.

Le second banc d'épreuve situé dans un quartier très-

anciens confrères qui, adoptant les premiers l'usage des machines auraient besoin de renseignements plus détaillés et plus techniques.

Voir aussi, sur les procédés suivis et les résultats obtenus dans la fabrication des canons laminés, le savant rapport de M. Masclet, lieutenant-colonel d'artillerie, attaché en 1831 à notre Manufacture d'armes de guerre, page 64 de la statistique industrielle de notre département, par M. Alphonse Peyret. (Saint-Étienne, 1835, Delarue, éditeur).

Cet ouvrage qui a occasionné de nombreuses et pénibles recherches à son auteur mérite, à plus d'un titre, d'être consulté pour l'histoire générale de toutes nos industries.

Nous prévenons aussi les personnes qui voudraient s'occuper d'arquebuserie, que toutes espèces de communications seront à leur disposition chez chacun de MM. les délégués.

Pour donner une idée de la disposition intérieure d'une usine à laminoirs et de son outillage particulier, nous pourrons encore montrer une vue photographique de l'un des ateliers aujourd'hui en activité à Birmingham.

populeux, appelé White Chapel, ne peut donner lieu à aucune réclamation de la part des locataires des maisons voisines.

Le bruit de ses détonations, dans un local assez étroit, mais creusé d'environ un mètre au-dessous du sol, est étouffé par un système de volets fermant sous la pression d'un ressort, et ne peut être répercuté (le bruit) par l'espèce de muraille en sable mouillé (1) opposée aux balles des épreuves.

Nous avons déposé aux archives de la Chambre de commerce des renseignements très-complets tant sur les dispositions des bâtiments affectés à ce genre de service, que sur la force explosive des poudres anglaises, comparée avec celle des poudres des épreuves françaises.

Ce dernier document est un procès-verbal authentique, prouvant en même temps la supériorité de toutes les qualités de poudres françaises sur celles similaires anglaises.

Un autre document non moins authentique, imprimé sur papier administratif anglais, est l'acte de la nouvelle réglementation sur toutes les épreuves de l'Angleterre. Cette nouvelle loi, éditée seulement depuis 1855, prescrit une double épreuve pour toutes les armes à feu portatives.

On reconnaîtra la sagesse de cette prescription en examinant avec attention le canon simple conservé dans l'un des grands placards de notre Musée. Il est du modèle de ces carabines de guerre, dites d'Enfield, que le gouvernement anglais commande quelquefois au commerce, ainsi que nous venons de le voir.

Ce spécimen de l'imperfection de la soudure au laminoir nous avait été cédé à Londres en 1860 par M. Barnett lui-

(1) Il brise bien moins le plomb que lorsqu'il est sec, d'où il résulte une notable économie pour la refonte et un avantage pour la recherche des débris.

même. (Ce négociant est le chef d'une des premières maisons de l'arquebuserie anglaise ; son nom et celui de Beasley's, plus le n° 507 se lisent encore sous le tonnerre de ce canon).

La lacération de ce tube affecte la forme d'un ovale dont la longueur n'est pas moindre de 52 centimètres par 15 de largeur.

On reconnaît de la manière la plus évidente que du côté où les bords du bris présentent des rugosités, le métal a été violemment déchiré ; tandis que du côté opposé, où existait la soudure et qui est très-uni, il n'y avait qu'une légère couche de métal qui s'était soudée au-dessus du joint de la lame à canon. Cette espèce de pellicule, si elle a pu soutenir l'effort de la première épreuve, devait infailliblement céder à la seconde, quelque faible qu'elle fût, par suite de la diminution d'épaisseur que lui avait fait subir le polissage extérieur du canon.

Une seconde épreuve (déjà demandée pour les fusils dont le tonnerre a été fraisé pour l'emplacement de la cartouche), sera donc aussi, pour nous, d'une nécessité absolue dès que nous fabriquerons des canons communs aux laminoirs.

Cette mesure, intéressant la sécurité publique, sera, nous en sommes certains, appréciée, en temps utile, par notre Chambre de commerce.

PLATINE.

Le temps nous a manqué, étant à Enfield, pour visiter une seconde fois et montrer à nos compagnons de voyage les procédés mécaniques de la fabrication des platines.

M. Fontvieille, très-habile platineur, aurait pu recueillir d'utiles renseignements.

Nous dirons cependant, aidés des notes de notre premier voyage, que ce mécauisme si important des armes à percussions exige 138 opérations diverses, pour lesquelles les fraises et les étaux limeurs sont du plus fréquent emploi.

Qu'enfin l'outillage d'Enfield est si parfait et les pièces qu'il produit d'une telle identité, qu'on peut prendre successivement la première venue dans les 11 cases qui vous sont présentées (1) et *remonter* une platine dont le jeu est toujours parfait. (C'est monter que nous devrions dire, puisque aucunes de ces pièces n'ont préalablement été essayées sur le corps de platine qu'on vient de leur destiner).

Ce même genre de fabrication avait été proposé vers la fin du siècle dernier aux entrepreneurs de notre Manufacture royale par un sieur Blanc, inventeur du pistolet à la Mandrin. (Notre Musée d'artillerie possède un spécimen de ce genre de pistolet). Nous devons penser que cette proposition fut alors négligée.

Un sieur Favier avait fait, en 1825, quelques essais de ce genre de fabrication, et MM. Piet et Ce, de Paris, voulurent, en 1830, l'introduire dans leurs vastes ateliers.

Il y a à peine cinq ans qu'à Saint-Etienne deux de nos chefs d'ateliers des plus habiles ont monté des fraises, créé des gabarits, des conducteurs à percer et divers autres outils pour cette spécialité. Mais, privés d'une force motrice qui put accélérer et surtout augmenter la puissance de leur nouvel outillage, ils ne purent donner suite à cette louable entreprise.

Il est pourtant bien reconnu qu'ils seraient, l'un et l'autre, capables de la mener à bien.

Espérons que des moyens de succès pourront bientôt leur être fournis.

(1) La platine de la carabine d'Enfield se compose de 11 pièces.

GARNITURES ET RAYURES.

M. Papillon, qui a examiné avec un soin particulier la disposition des fraises, dont le travail est appliqué à Enfield aux garnitures des carabines de ce nom, pourrait plus aisément reproduire ces puissants outils que les décrire.

La rayure des canons étant sa spécialité, nous lui devons les plus satisfaisantes explications sur le mécanisme très-compliqué de ces tringles à rayer qui, dans l'intérieur si admirablement poli de ces fortes bouches à feu en acier fondu, exposées par la manufacture royale de Woolwich, avaient pratiqué les rayures les plus capricieuses.

Quelques-unes courraient en serpentant entre un espace de 5 ou 6 centimètres, d'autres s'avançaient en zig-zag, imitant le trajet qu'on fait décrire à l'étincelle électrique. Il y en avait qui s'enfonçaient dans la paroi du canon à des profondeurs très-inégales, et qu'on pourrait appeler rayures à torrent ; enfin une quatrième variété s'élargissait ou se rétrécissait brusquement à des distances réglées.

La manufacture royale de Woolwich, en exposant ces quatre spécimens de rayures, a sans doute voulu prouver que ce genre de travail n'était plus qu'un jeu, et qu'il pouvait se prêter aux exigences des plus bizarres théories.

GARNITURES DES CARABINES D'ENFIELD.

On appelle, à Saint-Etienne, garniture d'une arme à feu, la plaque de couche, la sous-garde, les capucines et les porte-vis. Sur plusieurs modèles d'armes, ces pièces sont d'ordinaire en cuivre ou en bronze fondu. Pour les obtenir à de meilleures conditions de temps et de fini, on a dû chercher à perfectionner leur moulage en sable. Un procédé extrêmement simple et aussi expéditif que parfait a été imaginé par le maitre fondeur d'Enfield et nous a été expliqué, par l'inventeur lui-même, avec une rare complaisance.

Les avantages réels que présente ce nouveau mode de moulage nous déterminent à le décrire.

Il consiste à entailler, très-exactement, de la moitié de leur épaisseur, dans une plaque en fer substituée au lit de sable que dans le châssis inférieur du moule nous appelons couche, toutes les pièces qu'on veut reproduire par la fonte. Quand, sur cette surface plate et résistante on a jeté et foulé le sable dans lequel s'est inévitablement moulée la moitié saillante des pièces à fondre et qu'il s'agit d'enlever cette seconde portion du moule, on a recours, par les anciens procédés, à quatre coins en bois qu'on enfonce avec le plus d'ensemble possible entre les quatre angles des deux châssis pour soulever bien verticalement cette portion supérieure, qu'on enlève enfin à la main.

Mais il est très-rare qu'un devers involontaire ou une adhérence de quelques parties du sable, contre l'un ou plusieurs des modèles, n'occasionnent des égrennures difficiles et longues à réparer.

Par le procédé d'Enfield, en pressant une espèce de pédale placée sur le côté du châssis de couche, on fait descendre à la fois et sans dévers tous les modèles empreints dans le châssis supérieur sans qu'ils puissent entraîner avec eux la moindre partie du sable qui déterminait leurs contours. La sôle en fer, sous laquelle ils disparaissent, faisant l'office de la lunette d'un emporte-pièce. Espérons que les avantages *évidents* de ce procédé de moulage détermineront bientôt nos habiles fondeurs à l'adopter. Nous répèterons encore ici que les renseignements supplémentaires dont ils pourraient avoir besoin leur seront donnés avec empressement.

Des fraises et des meules entièrement en émeri aggloméré,

ou en bois, recouvertes en buffle toujours imprégnées d'é-
meri, terminent et donnent un beau poli non-seulement à
toutes les pièces qui composent la garniture, mais encore à
la bayonnette et à la platine. On a même employé, nous a-t-
on dit, pour rendre le polissage plus facile sur des surfaces
rondes ou irrégulières des courroyes sans fin entraînées
par deux pignons à axe mobiles permettant à la courroye
d'embrasser en fléchissant une plus grande surface de la
pièce à polir.

Il existe encore des meules à axe flexible dont, il est
vrai, l'action est moins énergique mais plus avantageuse à
utiliser pour la perfection de l'ouvrage. Les brosses en
chiendent et en crin peuvent aussi donner un beau polissage.

DE L'EMPLOI DES MACHINES.

Pour que leur travail soit avantageux, il faut qu'il soit appliqué au plus grand nombre possible de pièces du même
modèle. La manufacture d'Enfield, malgré l'importance de
son outillage, qu'on évalue a plus de 3 millions, ne fabrique
cependant que trois modèles d'armes : la grande carabine
qui porte son nom, plus deux autres carabines plus courtes,
dont l'une est munie d'un sabre-bayonnette (1).

Il faut encore, et cette condition est de rigueur, que les
proportions de chaque pièce soient d'une exactitude telle,
que les rapports d'ajustage qui doivent exister dans l'ensemble de l'arme ne soient ni gênés ni trop libres. La platine,
par exemple, ne pourrait jouer si les pièces qui la compo-

---

(1) La garde de ce sabre-bayonnette est soudée à la lame toute finie,
sans la *détremper* par deux chalumeaux à gaz dont le jet de feu ne
peut atteindre que la soie de ladite lame, tout le reste étant immergé
dans un tube-fourreau à eau courante.

sent étaient irrégulières, et le bois ne pourrait recevoir des
pièces trop fortes ou retenir des pièces trop minces. Les armes à bas prix ne seront donc que dégrossies par les machines, mais les armes de guerre, dont le nombre est ordinairement considérable, pourront être exécutées avec avantage
par une collection complète et bien réglée de ce puissant
moyen de production. Elles offriront cette uniformité de
contours impérieusement réclamée pour leur destination et
la célérité de leur production amortira bientôt la valeur de
leur outillage.

Depuis 1853, la Belgique a créé, pour confectionner une
certaine partie des bois des fusils de guerre, des machines
dont le travail s'alterne avec celui de la main de l'ouvrier et
la remplace dans les opérations les plus fatigantes. Il a été
reconnu, depuis longtemps, qu'en diminuant de 20 p. % le
prix de revient, le travail mécanique augmente d'un quart
environ le salaire d'un ouvrier intelligent. La rétribution
qu'on nous a dit être obtenue par les arquebusiers d'Enfield
prouverait et au delà l'exactitude de ces calculs. Nous ne par-
lerons de la tenue soignée de ces travailleurs que pour faire
ressortir les avantages de leur position, dans ces vastes ateliers, où l'on a moins besoin de labeur que de soins et
d'attentions pour la surveillance des machines.

Qu'on nous permette de comparer les foreurs de canons
français avec les ouvriers employés au même travail près des
foreries d'Enfield.

A Saint-Etienne, dans toutes nos usines, le foreur, courbé
sur le canon qu'il a fixé sur une espèce de chariot à l'aide
d'une clavette enfoncée à coups de marteau, au risque de
déformer le canon, saisit le foret par sa pointe quadrangu-
laire et l'engage avec précaution par l'extrémité opposée
dans l'axe moteur d'abord et ensuite par la pointe dans l'âme

du canon. Il faut déjà une grande dextérité pour ne pas se blesser (le foret tournant dans la main de l'ouvrier avec une vitesse de 320 tours à la minute) pendant ces deux opérations. Il pousse ensuite avec effort contre l'action du foret le chariot dont nous avons parlé, soit avec ses genoux garnis de genouillères en cuir, soit avec une espèce de cheville en bois implantée dans une planchette qui vient s'appuyer sur le milieu de la cuisse ; sa main gauche soutient son corps dans la position courbée qu'il doit toujours garder ; de sa main droite il dirige sur la partie du canon que le travail intérieur du foret échauffe extraordinairement, un jet d'eau qui se vaporise en partie à mesure qu'elle est répandue, et dont les rejaillissements pourraient nuire à sa santé, si les cuirs et le cambouis qui recouvrent ses vêtements ne les rendaient hydrofuges ; il doit avoir, en même temps, la précaution de se chausser de gros sabots, car l'eau court sous ses pieds. Heureux encore si, pendant ce pénible travail, le foret, en sortant un peu trop du canon, ne grippe pas un pli de ses vêtements. Dans ce cas, il y a lacération violente de l'étoffe, destruction du vêtement et quelquefois blessures plus ou moins graves. Nous pourrions citer des noms et parler d'indemnités justement accordées aux victimes de ce *dangereux et trop primitif outillage*. Il fonctionne cependant depuis plus d'un siècle dans les mêmes conditions et ne produit que 10 ou 12 canons par jour.

Le foreur anglais, au contraire, debout entre deux machines qui forent chacune quatre canons à la fois, n'a qu'à entretenir la continuité du travail dans les 8 canons qu'il a engagé entre certaines entailles où ils sont retenus par leur forme elle-même. Leur diamètre inférieur baigne dans l'eau que quatre robinets répandent incessamment sur la partie de leur surface extérieure en rapport avec le travail des fraises. Ces quatre robinets ne donnent que la quantité d'eau nécessaire à prévenir tout échauffement, et à entretenir un niveau toujours égal dans le fond de la longue cuvette en fonte où sont fixés les quatre canons. Il n'y a donc ni vaporisation, ni rejaillissement possible.. Le forage ou plutôt le fraisage des huit canons s'opérant par avulsion, ne demande aucun effort de la part de l'ouvrier et ne l'expose à aucun danger ; il est terminé en 20 minutes, et sur huit canons à la fois.

Le forage par le procédé des fraises dans des canons laminés est donc vingt-trois fois plus expéditif que le nôtre et ne compromet, dans aucun cas, la santé de l'ouvrier.

C'est avec le plus vif regret que nous avons vu agencer, dans celle de nos usines des bords du Furens qui présenterait le plus de ressources à notre industrie, des bancs à forer en bois, selon l'ancien système.

FABRICATION DES BOIS DE FUSILS DE GUERRE
PAR MACHINES.

HISTORIQUE.

La fabricatian des bois de fusils de guerre au moyen des machines remonterait à l'année 1830 ou 1832. Elle aurait été inventée par des Français.

On lit dans le Rapport officiel du Jury de l'Exposition de Paris en 1844 (p. 594, 2ᵉ vol.) :

« L'honneur de la solution du problème de la fabrication
« des bois de fusils par des procédés mécaniques appartient
« à la fois à M. de Girard et à M. Grinpé. De 1830 à 1832,
« ces deux habiles et industrieux inventeurs produisirent,
« presqu'en même temps, chez des nations différentes, des
« échantillons de cet admirable travail. Si les procédés par
« lesquels il avait été obtenu n'étaient pas complètement

« dissemblables, des combinaisons particulières à chacun de
« ces inventeurs prouvaient assez l'individualité de chaque
« mécanisme. »

M. Joseph Whitworth, dans un rapport également officiel
sur l'Exposition industrielle de New-York en 1853 (p. 162,
Londres 1858), nous explique aussi que la première machine-outil sur laquelle on place le bois à peine dégagé du
plateau, c'est-à-dire pendant qu'il est encore tout carré,
s'appelle machine de Blanchard, qu'elle est employée au
dégrossissage et qu'elle fonctionne dans la manufacture
de Springfield depuis plus de 30 ans. La coïncidence de ces
dates, et le nom tout français de Blanchard ne nous autori-
sent-ils pas à attribuer avec raison à la France une invention
qui aura été successivement perfectionnée par les Américains
et les Anglais ?

Nous avions encore appris, en 1860, lors de notre premier séjour en Angleterre, que toutes les machines-outils en
service dans la manufacture d'armes d'Enfield étaient origi-
naires du Massachussetts (Amérique du Nord) et qu'elles
avaient été fabriquées à Springfield, près Boston.

A en juger par un fusil de guerre, momentanément déposé
dans notre Musée, et qui porte le nom de *manufacture de
Springfield*, les machines à l'aide desquels il a été évidem-
ment confectionné doivent être parfaites.

Enfin, les divers perfectionnements dont ce fusil modèle
offre la savante combinaison nous ont semblé supérieurs à
tout ce que l'Angleterre a créé de mieux, en fait d'armes, jusqu'à ce jour.

COMPARAISON DU TRAVAIL A LA MAIN AVEC LE TRAVAIL
AUTOMATIQUE APPLIQUÉ AUX BOIS DE FUSILS DE GUERRE.

La confection d'un bois de fusil à la main, par un seul ouvrier plus ou moins robuste et habile, exige un travail continu de sept à huit heures. La régularité de ce travail et l'uniformité de ses proportions si nécessaires dans la fabrication des armes de guerre peut quelquefois laisser à désirer pour certains modèles.

Par la division de ce même travail à la main entre sept ouvriers spéciaux, on peut obtenir une diminution de 1/5 du temps, c'est-à-dire qu'un bois de fusil peut, en moyenne, être terminé en 6 heures.

Par l'emploi des machines, on produit, en 25 ou 30 minutes le plus, un bois de fusil exact dans tous les ajustages et d'une uniformité toute mécanique.

La production des machines est donc 11 fois plus puissante que celle du travail manuel prise à son maximum de production.

Mais en déduction de ces avantages si importants doivent nécessairement entrer en ligne de compte :

1° La valeur des machines.

On verra plus loin que, pour une fabrication annuelle de 60,000 fusils, la valeur de cet outillage est de 260,000 fr. environ.

2° Valeur d'un vaste local ayant une prise d'eau ;

3° Id. celle de constructions spéciales ;

4° Id. celle de trois ou quatre puissants moteurs ;

5° Id. celle du combustible, des fers et aciers pour l'entretien des outils, courroies de transmissions, huile, etc. Enfin le traitement élevé d'un directeur, des employés, de ses bureaux et surtout des mécaniciens chargés d'entretenir

ces diverses machines. Ces nombreuses dépenses sont autant
d'éléments de calcul que nous n'osons pas aborder.

Nous dirons cependant que, malgré tous ces frais, qui
doivent être encore plus considérables en Angleterre que
chez nous, on construit actuellement, à quelques centaines
de mètres de l'usine d'Enfield, de confortables et salubres
habitations destinées aux 2100 ouvriers occupés dans ce
vaste établissement.

Il ne produisait, en 1860, que 93,600 armes, et l'on a vu
qu'aujourd'hui il pourrait en fournir 2,100 par semaine,
chiffre donné ; mais que, d'après certaines observations faites sur les lieux, nous avons cru devoir réduire à 100,000
par an.

On trouvera, à la suite de ces pages, un devis pour la série
complète des vingt machines nécessaires à la monture des
fusils, avec la note de tous les frais qui se rattachent à leur
transport et à leur installation à Saint-Etienne ; enfin l'adresse
de la maison de Leeds, district de York (Angleterre), qui les
fabrique.

Les prix qui sont assignés à chacune de ces machines nous
paraissant très-éleves, nous avons dû nous mettre également
en rapport avec MM. Cox and Son, ecclésiastical Warehouses,
28 et 29, Southampton, st., Strand, à Londres. Ces Messieurs
avaient exposé la machine à sculpter citée dans le rapport
de MM. Ronchard et Fontvieille.

L'ouvrier qui faisait fonctionner ce mécanisme, à l'Exposition, nous en ayant, à plusieurs reprises, démontré les pro-
priétés, applicables du reste à l'arquebuserie. (Au nombre
des outils, pièces accessoires de cette machine, se trouvait
l'empreinte, en creux, sur matrice en acier, d'un dedans de
platine). Nous avons obtenu les renseignements suivants
pour faciliter l'achat conditionnel de ce mécanisme.

Son prix serait de 135 livres sterling, soit argent de France 3,375 fr., plus emballage, frais de transport et de douane de Londres à Saint-Etienne, voyage d'un ouvrier anglais promis par ces Messieurs (aller et retour) pour installer et faire fonctionner convenablement tous les jeux d'outils ; travail qu'on nous dit devoir être terminé en trois semaines, et valoir 225 à 250 fr. Il nous semblerait que cette acquisition, en admettant que tous les frais en doublassent le prix, ne dépasserait pas 6 à 7,000 fr.

On nous assure encore que la puissance de production de cet outil, non compris le moteur et le salaire du seul ouvrier employé à son service, serait de 12 fusils complets par jour, ce qui représente une heure de travail pour chaque monture, mais les changements de dispositions et d'outils après chaque opération occasionnent nécessairement une perte de temps que l'on n'éprouve pas à Enfield où 20 machines sont toujours en état d'exécuter le travail pour lequel elles sont montées.

Le principe général d'après lequel la majeure partie de tous ces mécanismes a été construit est celui du Pantographe, du tour à portrait, du procédé de gravure Cellas, etc, etc.

Essayons de donner, sans le secours des figures, un apperçu de la construction et du travail des machines à reproduction et prenons pour exemple la creusure indispensable au logement du mécanisme de la platine dans le bois d'un fusil de guerre. C'est un travail qui, exécuté convenablement à la main, demande de 30 à 35 minutes, il est produit en une minute à l'aide de deux tiges verticales en fer reliées entre elles à 30 ou 40 centimètres de distance, par une traverse très solide dépendant de la machine à reproduction.

Pour la faire fonctionner, la main de l'ouvrier peut au

moyen d'un levier imprimer un mouvement d'ascension ou de translation simultané et commun au deux tiges dont nous venons de parler, celle qui est munie d'une pointe en acier d'une très petite dimension mais dont le bout est émoussé, étant constamment tenue en contact avec les accidents de la creusure d'une matrice en fer fondu, représentant un logement de platine ; on conçoit que la seconde tige armée d'une fraise à laquelle une courroie communique un mouvement de rotation très rapide, devra reproduire inévitablement sur le bois du fusil soumis à son tranchant les mêmes creusures et les mêmes contours dans lesquels s'enfonce et que parcourt la pointe en acier promenée par l'ouvrier dans la matrice modèle.

Cet effet ainsi produit, n'est-il-pas à peu de chose près celui du dessin pantographique ? La pointe en acier de la machine, n'est-elle pas la pointe sèche qui est promenée, pour l'emploi du pantographe, sur le dessin modèle ? Et la fraise ne représente-t-elle pas le crayon, laissant sa trace reproductrice sur le papier ?

Le résultat infaillible et si expéditif de ce moyen de *mise en bois* étant bien compris et surtout bien apprécié, ne pourra manquer d'exciter le génie inventif de nos jeunes monteurs. Ils chercheront bientôt à en combiner le principe, pour l'exécution plus sûre et plus prompte des autres opérations de la monture. Déjà l'un d'eux, (le sieur Montillier, rue du Haut-Tardy), creuse avec succès en quelques secondes le logement de la baguette, de ses bois de fusils avec une fraise particulière montée sur un tour et fonctionnant à la hauteur convenable au dessus d'un charriot de son invention.

Que la machine de MM. Coz et fils soit installée à Saint-

Etienne et en peu de temps ses divers effets seront utilisés pour être même perfectionnés par les habiles contre-maîtres de nos ateliers d'arquebuserie.

BAGUETTE EN ACIER.

La trempe de la baguette à Enfield différant essentiellement des procédés français, nous semble devoir être indiquée pour le perfectionnement à venir de sa fabrication.

L'ouvrier anglais y procède en amenant à la chaleur voulue vingt baguettes environ dans un four à reverbère dont la chaufferie est bien plus égale que celle de nos petites forges. Au bas de ce four est enfoui presqu'à ras du sol un tube en métal de 15 à 20 centimètres de diamètre, et à quelques centimètres près de la longueur de la baguette. Un courant d'eau froide venant du fond dudit tube est calculé de manière à conserver constamment à l'eau qui doit servir à la trempe, et la même température et le même niveau. L'ouvrier en trempant verticalement une à une chaque baguette par le bout qui doit recevoir le pas de vis du tirre-bourre ne l'enfonce dans l'eau que de 3 ou 4 centimètres, puis la retire aussitôt pour lui laisser prendre le recuit nécessaire. Il l'immerge ensuite toujours bien véritablement et avec une certaine lenteur dans le réservoir à eau froide qui, n'étant pas aussi long que la baguette, la laisse dépasser d'un décimètre au-dessus du niveau de son eau. Cette extrémité échappant à la trempe n'a donc pas besoin de recuit.

Nos fabricants de baguettes, en comparant avec leurs anciennes habitudes ces divers procédés d'une installation facile et peu coûteuse en comprendront certainement tous les avantages.

Nous leurs apprendrons encore que le recuit général de la baguette se donne à dix baguettes à la fois par une immersion de quelques secondes dans une cuvette en fer contenant du plomb toujours en fusion.

DIVISION GÉNÉRALE DU TRAVAIL.

La division du travail d'une carabine d'Enfield, par l'emploi des machines outils plus ou moins compliquées, donne *six cent trente-huit* opérations.

Elles sont détaillés très exactement dans un livret mis à la disposition du public, sur les vitrines du musée indien, où sont rangées autant de pièces de la même espèce que chacune d'elles subit d'opérations successives ; ainsi l'on voit 66 canons, 66 baïonnettes, 36 hausses, 26 chiens, 23 bois ou monture, 23 corps de platine, 14 baguettes, etc, etc, etc : Il nous sera possible de donner des renseignements sur les diverses phases de cette fabrication, mais ces détails trop longs et trop techniques ne sauraient trouver place dans ces notes.

3ᵐᵉ classe.

ARMES DE TROC, DITES AUTREFOIS ARMES DE TRAITE.

Avant le décret impérial du 14 décembre 1810, Saint-Etienne expédiait plusieurs modèles de fusils dit de traite, les plus anciens s'appelaient *Argoulets, Boucanniers* puis fusils *Tulle*. Cette fabrication dût être suspendue au moment de la promulgation du décret précité et les guerres de l'empire fournissant un travail soutenu à nos arquebusiers, ils oublièrent bientôt ce genre d'armes.

Il leur était donc impossible d'exposer des produits dont les nouveaux modèles leur étaient inconnus.

L'exposition de l'Angleterre et de la Belgique qui, à la faveur d'une liberté illimitée ont toujours fabriqués tous les modèles demandés, quelque fût leur forme et leur calibre, offrait au contraire une innombrable variété de ces armes de qualité inférieure mais dont la production peut occupper tant de bras.

Prendre le signalement de quelques unes de ces armes eut été de peu d'utilité. Un séjour plus prolongé à Londres et des recommandations indispensables auprès des consuls des diverses nations auxquelles elles sont expédiées, nous auraient probablement permis d'entamer d'utiles relations commerciales.

Espérons que nos jeunes négociants encouragés par la certitude d'une protection toute spéciale de notre gouvernement, sauront bientôt se créer au loin, une nouvelle clientelle, et se l'attacher par la supériorité de leurs produits.

4ᵐᵉ classe.

ARMES RICHES GENRE ORIENTAL, OU ORNEMENTÉS, DITES ARMES DE PANOPLIE.

Saint-Etienne a fabriqué avec succès depuis plusieurs siècles, les armes riches destinées aux sultans et aux pachas de l'empire ottoman. Mais, les révolutions si fréquentes qui sans doute ont nui à la splendeur de cette nation, ou peut-être une déviation de luxe sur d'autres parties du costume militaire des habitants de Constantinople et de Smyrne, ont à de rares exceptions près, entièrement supprimé les demandes de ce genre d'armes. Leur fabrication occupa constamment à Saint-Etienne jusqu'aux premières années de notre siècles, d'habiles fondeurs en métaux précieux, des gra-

veurs, des ciseleurs, devenus justement célèbres, enfin les
damasquineurs et les joailliers les plus renommés.

Quelques modèles de pistolets et de fusils garnies en argent ou argentés et dorés, sont pourtant encore aujourd'hui
entre les mains de nos ouvriers, mais leur prix ayant été très
limité sans doute, ces armes sont inférieures pour le fond, à
ces riches pistolets garnis en or fondu massif, dont les cise-
lures exécutées par les Rembert-Dumarest et les Gálle déve-
loppèrent les talents supérieurs de ces deux célèbres artistes,
nos honorables concitoyens. Espérons du moins que le bon
goût et l'éclat de cette moderne fabrication rappelleront
aux étrangers que nos arquebusiers seraient bien vite en
mesure de satisfaire à toutes es exigeances du luxe oriental.

Pour les armes de Panoplie, on sait que l'arquebusier
s'efface derrière le dessinateur, le ciseleur et le sculpteur,
aussi le jury de l exposition française de 1855 a-t-il cru devoir nommer coopérateurs les Fossey, les Kleff, les Riester,
les Attarge, les Knecht. Ces trois derniers artistes avaient
dessiné, ciselé et sculpté le beau fusil que M. Claudin
expose encore aujourd'hui a Londres. Nous aimons à croire
qu'à l'occasion le talent de ces célébrités européennes ne
nous ferait pas défaut, et nous sommes sûrs que le fonds de
nos armes serait en rapport avec l'ornementation.

2ᵐᵉ classe.

ARMES DE CHASSE ET DE LUXE.

Les nombreux renseignements que nous avons dû récla-
mer à l'obligeance de nos anciens confrères ont renvoyé à
la fin de cette notice les détails relatifs aux armes de chasses
et de luxe.

Après avoir lu dans le rapport d'ensemble qui précède

toutes nos notes, les extraits de celles de MM. Ronchard et
Fontvielle, on aura certaines données sur l'état actuel de
l'industrie arquebusière, si largement représenté à l'exposition internationnale de Londres.

Nous somme forcé de le répéter, après l'emploi plus fréquent, par les arquebusiers de Saint-Etienne, de l'acier
fondu pour la fabrication des armes de premier choix, aucun
perfectionnement *remarquable* dans celles d'Angleterre ou
de la Belgique n'a appelé notre attention.

Il est pourant certains systèmes d'amorces que nous
croyons devoir rappeler à nos jeunes arquebusiers pour les faciliter dans les combinaisons des nouveaux perfectionnements, que gênerait l'emploi trop exclusif de la capsule
classique.

L'arquebusier Néedham's de Londres a bien voulu nous
remettre gratuitement, avec le dessin de son système une de
ces cartouches qui s'enflamment par la ponction d'une ai-
guille, traversant le fulminate fixé à l'extrémité de la cartouche (elle est à la disposition de tous dans les vitrines de
notre musée).

Ce système admettrait des ressorts moins forts que ceux
de nos armes à percussion, et son enflammation serait plus
centrale.

En roulant dans l'une de ces minces feuilles d'étain, à
l'usage des confiseurs, une trainée de poudre fulminante (1),
par le procédé si simple et si connu des cigarettes, on
obtient une amorce qui peut se prêter à tous emplois et être
foulée ou engagée dans toute espèce de cavité.

M. le baron Heurteloup est le premier qui, en 1844 nous

(1) Le mercure de howart ou fulminate de mercure combiné avec une
partie de salpêtre pour deux parties de fulminate donne une bonne
poudre d'amorce.

ait montré ce genre d'amorces. Il a été adopté par la célèbre manufacture de Sprengfield (Amérique), pour ses armes de guerre. Ce genre particulier d'amorce affectant la forme d'un ruban s'enroule en forme de ressort de montre dans une cavité ménagée sur leur corps de platine Il peut devenir amorce continue par un mécanisme particulier et très savant, dont nous donnerons une reproduction en même temps que celle du système Acreusl pour canardières, signalé par MM. Fontvieille et Ronchard.

Nous avons vu des fusils norvégiens ayant une sous-garde à double pontet, le plus rapproché de la crosse abritait la détente, et le plus éloigné, recouvrant le chien, préservait d'un départ inopiné le fusil qui n'aurait pas eu de cran de sûreté. Ils débarrassent aussi le chasseur des saillies de la platine toujours très incommodes.

L'un de nos compatriote, feu M. Cessier, arquebusier d'un grand mérite, fut le premier qui plaça l'amorce fulminante sous le canon.

Une dernière observation va donner une idée de la vitalité profonde dont est douée l'arquebuserie stéphanoise, et cela, malgré toutes les entraves qu'elles a eues à supporter, et que nous avons signalées au début du présent rapport.

On se rappelle que nous avons été enfermés pour ainsi dire dans la confection des armes de chasse.

Examinons ce que nous avons fait de cette spécialité, et si nous l'avons laissée décroître.

Prenons par exemple les canons doubles :

A Saint-Etienne, la fabrication des fusils doubles qui n'était, en 1857 que de 34,965 fusils, arrivait en 1858 à 36,349, l'année 1859 ne produisit, il est vrai, que 35,036 armes, mais 1860 a donné 41,290.

Quand la consommation d'un produit augmente, on peut

bien affirmer que l'industrie qui le met au jour est bonne et progresse.

Or, pendant que nous pouvons appeler l'attention sur notre marche ascendante, voilà ce qui se passe à Liège.

La progression y décroît quant aux fusils doubles dans une proportion saisissante. Ce genre de fusils constitue la production *normale* de notre industrie, Puisque ce sont là les seuls genres d'armes qui soient communs à nous et aux belges, c'est donc le seul point de comparaison qu'on puisse établir entre eux et nous.

En conséquence, on nous pardonnera d'insister.

En regard de ce qui s'est passé à Saint-Etienne, voilà ce qui a eu lieu en Belgique; ou y fabriquait en :

1857 fusils doubles   99,392) Différence en moins de 1857
1858 id.   id.   74,723 } à 1859, 41,232 fusils
1859 id.   id.   58,160) doubles.

Notons que cette arme est l'arme usuelle de la bourgeoisie, du chasseur, c'est-à-dire de gens qui tiennent à la fois à l'élégance et à la solidité. Si nous avons avancé, si la Belgique a reculé, c'est qu'en définitive, le public a reconnu que nos fusils avaient le caractère de fini et d'élégance que les Belges depuis trop longtemps affectent de leur dénier.

Quant à une solidité *égale*, nos concurrents n'ont pu y atteindre, et en nous dénigrant sur le reste, ils ont gardé à cet égard un silence prudent.

Nous venons, il nous semble, de démontrer par des faits, que le monde consommateur trouvait dans nos armes la réunion de toutes les qualités artistique et balistique qu'il exige.

Leur solidité tient surtout à la sévérité de notre épreuve.

Un mot à ce sujet : Le rapport d'ensemble qui précède

le présent travail n'est que le résumé de nos opinions, il parle d'une réduction qui serait à réaliser à Saint-Etienne dans les charges d'épreuves, cela paraîtrait juste et conforme à la demande de M. Ronchard-Siauve et des autres canonniers.

Il n'y a pas à craindre que nous tombions dans l'excès contraire et que nous renoncions, tout en pratiquant une réforme, à la rigidité qui nous a valu notre juste renommée.

Voici comment il faut entendre ce qui est écrit dans l'introduction qui précède l'œuvre spéciale de chaque délégué :

La sévérité actuelle sera intégralement maintenue pour les armes de qualité supérieure et même très ordinaires, le changement ne portera que sur *les armes de troc*. Enfin, suivant les termes adoptés conformément à notre opinion par le rédacteur il n'aura lieu « *qu'après un examen sé-* « *rieux, et dans la mesure où il serait possible de concilier* « *la sécurité publique avec les intérêts manufacturiers.* »

Ces expressions rendent entièrement notre pensée et nous hâtons d'ajouter ce que l'on conçoit aisément, que le second poinçon sera très apparent et établi de manière à prévenir toute confusion entre les armes à canons lisses et les armes de troc.

Les belges n'ont introduit en France qu'une quantité insignifiante de fusils doubles. Mais il y a plus ; l'arquebuserie belge en général, présente dans son ensemble une diminution frappante pendant les trois années dont voici le tableau :

1857 total général 599,208
1858 id.   id.   484,692
1859 id.   id.   481,767

Différence en moins de 1857 à 1859, cent dix sept mille quatre cent quarante et une armes.

Depuis 1860 la Belgique ne communique plus les chiffres de son banc d'épreuve.

A nos lettres, pour obtenir ce document, on n'a jamais répondu que par une moyenne de *vingt-un* ans.

La conclusion est facile à tirer.

Nos canonniers savent fort bien, du reste, que leurs canons, même les plus ordinaires et pris *au hasard* dans leurs ateliers, sont capables, ainsi que le prouvent les échantillons de notre expositions à Londres, de résister non seulement à nos charges réglementaires mais à des charges triples ou même quadruples.

S'agissant d'une révision dans le réglement de notre épreuve, nous demandons que MM. les arquebusiers soient appelés au sein de notre Chambre de commerce, qui fera à tous bonne justice.

Là, tout en donnant aux différents intérêts la satisfaction qui paraîtra légitime, nous ferons surtout appel en vue des progrès à réaliser à l'intelligence de nos ouvriers.

Nous pensons que c'est leur intelligence surtout, et en second lieu la perfection de nos machines, une bonne organisation, un vaste outillage entretenu comme on l'a dit par une association générale qui nous permettront d'atteindre aux limites du fini et du bon marché qui sont nécessaires à notre avenir.

Cet avenir, nous comptons enfin, pour l'assurer, sur la réalisation des promesses qu'à bien voulu nous donner l'éminent personnage qui nous recevait à Londres avec tant de bonté. Nul n'ignore, parmi nous, la place qui lui revient dans *l'affranchissement de notre industrie*, et nous en avons la ferme espérance, il ne voudra pas laisser son œuvre inachevée.

DEVIS pour une série de Machines pour la fabrication des montures de fusils, de **MM. Greenwood et Batley, à Leeds. — Office à Londres, 20, Cannon-Street. — Arthur Kinder, représentant.**

Nos d'ordre des opérations.	DESCRIPTION.	PRIX par Machine.	POUR nombre.	25,000 PRIX total.	POUR nombre.	60,000 par an, PRIX total.
1	Machine à scier et dégrossir, dite *Blanchar*	7,500	1	7,500	1	7,500
2	à cintrer	1,250	1	1,250	1	1,250
3	à tourner grossièrement le gros bout	7,000	1	7,000	2	14,000
4	» le petit bout	7,500	1	7,500	1	7,500
5	à pointer	6,250	1	6,250	1	6,250
6	préparer l'établissement du canon	15,000	1	15,000	2	30,000
7	profiler	10,000	1	10,000	2	20,000
8	à scier à la longueur	6,500	1	6,500	1	6,500
9	à préparer l'établissement de la plaque de la crosse	13,500	1	13,500	1	13,500
10	» de la platine	15,000	1	15,000	1	13,500
11	» de la sougarde	12,000	1	12,000	1	12,000
12	» des capucines	8,750	1	8,750	1	8,750
13	à tourner entre les capucines	8,750	1	8,750	1	8,750
14	à tourner finement la crosse	7,500	2	15,000	4	30,000
15	» le bout de devant	5,000	1	7,500	2	15,000
16	à évider pour la baguette	5,000	1	5,000	1	5,000
17	à couper pour le ressort de la baguette	5,000	1	5,000	1	5,000
18	à creuser pour la baguette	5,000	1	5,000	1	5,000
19	» pour les trous des vis (ou trous à vis)	7,500	1	7,500	1	7,500
20	» pour la vis du chapeau de l'embouchoir	2,500	1	2,500	1	2,500
»	Frais pour faire des ciseaux, ajuster, et des plaques pour des modèles particuliers, mettre le tout en mouvement à Leeds, pour en essayer la perfection avant de les livrer	20,000	..	20,000	..	25,000
»	Emballage et frais de transport	6,875	..	6,875	..	9,125
	TOTAUX			193'375ᶜ		253'125ᶜ

Selon M. Whitworth, le travail de chacune de ces machines serait en moyenne d'une minute et quelques fractions. En ajoutant aux vingt minutes, durée de leur travail, cinq autres minutes pour un complément de travail à la main, on obtiendrait aisément un bois de fusil complétement façonné en 30 minutes, soit deux par heure.

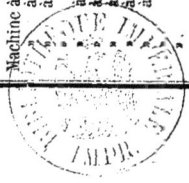

Saint-Étienne, imprimerie de Mme v^e THÉOLIER aîné et Ce.

TABLEAU DE LA FABRICATION DES ARMES A SAINT-ÉTIENNE

Donnant la production de la Manufacture Impériale et celle du Commerce pendant une période de 41 ans, soit de 1819 à 1860 inclus, dressé sur des documents officiels

PAR C. JALABERT AÎNÉ, ANCIEN ARQUEBUSIER, CONSERVATEUR DU MUSÉE D'ARTILLERIE.

ANNÉES	FUSILS de GUERRE	FUSILS de CHASSE DOUBLES	FUSILS de CHASSE SIMPLES	GRANDS PISTOLETS	FUSILS dits 1er 1.	TROMBLONS	CARABINES	MOUSQUETONS	CANARDIÈRES	TOTAL ANNUEL	FUSILS TRANSFORMÉS	FUSILS TRANSFORMÉS	TOTAL GÉNÉRAL	MOYENNES par 2 ANNÉES	MOYENNES PAR 5 des 10 dernières années	MOYENNES PAR 10 des 10 premières et 10 dernières années	OBSERVATIONS

www.ingramcontent.com/pod-product-compliance
Lightning Source LLC
Chambersburg PA
CBHW070908280326
41934CB00008B/1636